AF493490

MONOGRAPHIE

DE LA CANNE A SUCRE DE LA CHINE

DITE

SORGHO A SUCRE.

Marseille, typ. et lith. Arnaud et Compagnie, Cannebière. 10.

MONOGRAPHIE

DE LA

CANNE A SUCRE DE LA CHINE

DITE

SORGHO A SUCRE

PAR

LE DOCTEUR ADRIEN SICARD,

Membre titulaire de la Société Impériale de Médecine de Marseille,
Secrétaire honoraire de la Société d'Horticulture de la même ville,
Membre titulaire de la Société d'Agriculture du département des Bouches-du-Rhône
Et de la Société Impériale Zoologique d'Acclimatation,
Correspondant de la Société d'Horticulture de la Gironde et de plusieurs sociétés savantes françaises et étrangères,
Chevalier de l'ordre royal de François 1er des Deux-Siciles
Et de l'ordre du Nichani-Iftikar de Tunis.
Honoré de trois médailles : Choléra 1835, 1849 et 1854.

TOME PREMIER.

2e édition, revue, corrigée et considérablement augmentée.

PARIS
LEIBERT ET COMMELIN
LIBRAIRIE CENTRALE DES SCIENCES
Rue de Seine, 13.

MARSEILLE
CAMOIN FRÈRES
LIBRAIRIE FRANÇAISE ET ÉTRANGÈRE
Cannebière, 1.

1858.

La bienveillance avec laquelle le monde savant a reçu notre première édition, nous faisait un devoir de la perfectionner. C'est le but vers lequel se sont portés tous nos efforts.

Nous avons toujours pensé, avec Bernardin de Saint-Pierre, que « le bienfait d'une plante utile « est un des services les plus importants qu'un « citoyen puisse rendre à son pays. »

Imbu de cette idée, nous avons étudié avec ardeur tous les moyens de prémunir nos lecteurs contre les déboires auxquels sont exposées les personnes qui entreprennent l'étude d'une plante nouvelle sans aucune espèce de guide, ou en se

*

basant sur des travaux qui sont plus ou moins exacts et qui ont été faits par des personnes qui n'ont pu les suivre par eux-mêmes.

Puisse cette seconde édition être utile à nos lecteurs : ce sera pour nous une grande satisfaction.

Nous croyons, avec l'auteur des *Etudes sur la nature*, que « le citoyen qui procure à sa « patrie un nouveau moyen de subsistance et « une nouvelle branche de commerce mérite « d'être mis sur la même ligne que ceux qui « l'éclairent ou la défendent. »

INTRODUCTION.

> La culture de la terre est une science; et la nature ne se révèle qu'à ceux qui s'appliquent à la connaître; elle garde pour les autres ses voiles et ses mystères.
>
> Charles Sainte-Foi.
> (*Livre des Peuples et des Rois*).

Nous avons pour but, en écrivant cet ouvrage, de prouver les avantages que l'on peut retirer de la culture de la canne à sucre du nord de la Chine. Ce n'est pas sans motifs que nous avons pris le titre de *Monographie;* nous devons, par conséquent, expliquer tout d'abord notre pensée au sujet de cette dénomination.

Une Monographie, pensons-nous, est un travail complet, autant qu'il est possible de le dire, car « l'esprit est borné, et celui qui veut voir le

« principe des choses est comme un homme qui « veut regarder le soleil, et celui qui veut en « connaître la fin ressemble à un homme qui « regarde dans un abîme sans fond. »

Ces paroles de Ch. Sainte-Foi sont d'une grande vérité : tout homme qui applique toutes ses facultés à l'étude d'une question quelconque, peut dire qu'il a pénétré quelquefois de grands secrets, mais il lui serait difficile d'assurer que ses découvertes ne seront pas contestées plus tard.

« Toutes les choses du monde sont difficiles, « comme dit l'*Ecclésiaste* ; l'homme ne les peut « expliquer par ses paroles ; mais le cœur du « sage cherche l'instruction » : il est sûr de la trouver lorsqu'il la recherche dans les œuvres de Dieu.

On peut arriver à ce but par différents procédés ; les uns partent d'une théorie qu'ils se sont faite prématurément, et désirent arriver à la vérité, mais ils font, malgré eux, plier les faits à leur théorie ; d'autres prennent la nature telle qu'elle est, sans préoccupation aucune ; ils étudient ce qui se présente à leurs yeux, classent, plus tard, les résultats obtenus, et finissent par se trouver possesseurs d'une masse de faits observés par eux-mêmes, avec la plus grande minutie, et qui servent ensuite de base à des théories qui, quelquefois, les éloignent des explications données par la science.

Nous avons adopté cette dernière marche : pendant plusieurs années nous avons cultivé de nos mains la canne à sucre du nord de la Chine, nous avons suivi toutes les phases de sa végétation, nous l'avons comparée avec les plantes du même genre. Suivant ensuite sa croissance, depuis sa germination jusqu'à son développement complet, nous avons enregistré avec soin toutes les observations que nous avons pu faire, sans nous préoccuper des travaux qui se publiaient sur cette matière. Plus tard, nous avons revu ce qui a été écrit sur cette plante, et nous nous ferons un devoir de citer les auteurs qui s'en sont particulièrement occupés.

Après avoir étudié la canne à sucre de la Chine sous toutes ses phases de végétation, nous nous sommes préoccupé des avantages que l'on pouvait en retirer. Nous nous bornerons, dans ce premier volume, à donner les renseignements nécessaires pour que l'on puisse obtenir de cette graminée les produits les plus abondants, soit au point de vue alimentaire, soit au point de vue industriel, nous réservant d'aborder, dans un second travail, les études de cette plante considérée dans ses produits chimiques, tinctoriaux et manufacturiers.

Disons, avec Sainte-Foi : « Dans le travail, la « nature et l'homme s'embrassent; et l'homme « s'incline vers la nature, et la nature s'élève vers « l'homme ; et l'homme lui donne son travail et « ses sueurs ; et la nature donne à l'homme ses « pierres, ses métaux, ses fleurs et ses fruits. »

MONOGRAPHIE.

CHAPITRE PREMIER.

La Canne à sucre de la Chine est-elle un Sorgho?

On doit toujours tâcher de se rendre utile.
HOMÈRE.

M. de Montigny, consul de France à Shang-Haï (Chine), envoyait, en 1851, à la Société de Géographie de Paris, plusieurs semences exotiques, parmi lesquelles se trouvait un paquet de graines portant la suscription suivante : « Canne à sucre du nord de la Chine. »

On a cru reconnaître dans cette plante le sorgho à sucre, sorgho sucré, gros mil, millet de Cafrerie, pain des Anges, *Houque saccharine*, de Lamark (1); *Sorghum saccharatum*, de Wil; *Holcus Docna*, de Forsk; *Holcus saccharatus*, de Linnée; *Andropogon saccharatus*, de Kunht; en chinois, *Kao-lien*, d'après M. Jules Itier. Plus tard, M. Léonard Wray lui a donné le non d'*Imphy* (2), ou roseau sucré des Cafres-Zulu.

(1) M. Thiébaut de Berneaud pense que « la houque saccha-« rine, que Lamark regardait comme une variété, est une espèce « distincte, différant de la houque bicolor par sa panicule plus « grande, plus lâche et un peu étalée, par ses tiges épaisses qui « simulent à s'y méprendre celles de la canne à sucre, et four-« nissent, lorsqu'elles sont dépouillées de leurs larges feuilles, « une moëlle abondante et sucrée, dont Arduino, de Padoue, « a retiré du sirop et même du sucre légèrement cristallisable. »
(*Dictionnaire pittoresque d'Histoire Naturelle et des Phénomènes de la nature*, t. IV, p. 29).

(2) Dans la première édition de cet ouvrage, nous formulions l'espoir que la Société Impériale Zoologique d'Acclimatation, qui a déjà rendu de si grands services à la France, y introduirait les quinze variétés d'Imphy (1) découvertes par M. Léonard Wray. Nous disions qu'il en était quelques-unes de remarquables par leur précocité, et qui, sans aucun doute, s'acclimateraient aisément dans le midi de la France et dans l'Algérie. La différence de coloris de leurs glumelles nous faisait espérer des principes colorants nouveaux, qui viendraient s'ajouter à ceux que nous avons extraits de la canne à sucre de la Chine. Nos vœux ont été accomplis : quelques imphys sont cultivés en Algérie, par M. Hardy, directeur de la pépinière centrale; et en France, grâces aux soins de notre estimable confrère, le comte de David Beauregard, neuf

(1) Nous ignorons si les plantes découvertes et classées par M. Léonard Wray sont analogues à la canne à sucre de la Chine. Nous croirions même, d'après les descriptions données par l'auteur, que ce sont des plantes tout-à-fait différentes. Nous espérons incessamment résoudre ce problème, car nous allons les cultiver et les étudier concurremment.

Ces différentes appellations prouvent assez que l'on ignore encore complètement le vrai nom de cette plante. Remarquons qu'elle tire son origine de la Chine. Il existe dans cet empire, dans la province *Se-Chuen*, située au nord-ouest de la Chine, une canne qui, du temps du père Du Hald (1), produisait d'excellent sucre. Ne serait-ce pas cette même graminée qui a été transplantée dans nos climats? Déjà, en 1766, Pietro Ardouino avait importé à Florence une plante, appelée par lui *Olchus de la Cafrerie*, et qu'il considérait comme un maïs dont les semences étaient d'un brun clair, et qui avait été utile pour la fabrication du sucre (2). Une graminée

espèces d'imphys sont mises cette année dans le commerce; elles figurent dans le catalogue de MM. Charles Hubert frères et Comp^e^, de Hyères (Var), qui les ont cultivées. Nous voyons ausssi dans le catalogue (1858) de M. Vilmorin-Andrieux et Comp^e^, de Paris, figurer un sorgho, dit graine de chocolat, apprécié, dit ce catalogue, à cause de ses qualités tinctoriales; l'an prochain nous en rendrons compte à nos lecteurs.

(1) *Histoire Générale des Voyages*, en 65 volumes. Tome 21, page 248.

(2) Nous pensons que cette plante est une des espèces d'Imphy décrites dans le brochure de M. Wray. Nous n'avons pu encore nous en assurer. Du reste, grâce à l'honorable président de la Société d'Horticulture de Marseille, M. Lucy, qu'on trouve toujours au premier rang quand il s'agit de choses utiles, la Société a publié dans la *Revue Horticole des Bouches-du-Rhône*, n° de janvier 1857, un mémoire sur l'Olchus de Cafrerie, qui avait été fait à Padoue, en 1811, par Louis Arduino, et dont nous devons

à peu près semblable a été cultivée dans le jardin botanique de la marine, à Toulon, par M. ROBERT. La culture en a été abandonnée, parce que cette plante ne contenait pas une quantité de sucre assez considérable pour l'exploitation. Cette remarque nous ferait penser que c'était le véritable sorgho à sucre de Linnée, plante se rapprochant de ses congénères, le sorgho des Cafres, le sorgho blanc et le sorgho à balai.

Nous avons cultivé concurremment les différentes variétés de sorgho, sans retrouver dans ces plantes les mêmes caractères que dans la canne à sucre envoyée par M. de Montigny. Nous croyons utile de donner le résultat de nos expériences.

Passant sous silence les différences légères qui se rencontrent dans la floraison de ces plantes, nous parlerons des autres caractères qui ont plus particulièrement attiré notre attention.

Nous avons semé dans une bâche chauffée, le même jour, à la même heure et dans le même terrain, des graines de sorgho blanc, de sorgho des Cafres,

la traduction à M. Denis, du Var, qui a bien voulu la faire pour la Société. Vu l'importance de ce travail, nous comptons le publier dans le chapitre intitulé : *Extraits de divers ouvrages, et remarques qu'ils nous ont suggérées ;* notre désir le plus ardent étant de faire un ouvrage consciencieux, sans oublier, comme l'ont fait la plupart de ceux qui ont écrit après nous, les auteurs qui se sont occupés de notre plante de prédilection.

de sorgho à balai et de canne à sucre de la Chine. Le septième jour, le sorgho blanc était hors de terre ; le sorgho à balai sortit dans l'après-midi ; le jour suivant, nous vîmes apparaître le sorgho des Cafres, et deux jours plus tard, la canne à sucre de la Chine. Une fois hors de terre, les sorghos développèrent promptement leurs feuilles ; il n'en fut pas de même de la canne à sucre de la Chine ; celle-ci resta encore longtemps avant de développer ses feuilles. Sa croissance fut très-lente. Il en a été de même dans les semis que nous avons faits en plein air, dans une terre que nous possédons à Vitrolles. Les sorghos des Cafres, et surtout le sorgho blanc, ont mûri bien avant la canne à sucre de la Chine, quoique cette dernière se trouvât placée dans les mêmes conditions.

Nous avons mesuré sur place les différentes espèces de sorgho qui, toutes, ont été cultivées sur le même sol que la canne à sucre de la Chine. Nous pensons être utile en donnant les hauteurs les plus grandes auxquelles sont parvenus les sorghos (1). Quant à la canne à sucre de la Chine, on trouvera une étude toute particulière de cette plante dans un des chapitres suivants.

Les sorghos blancs, mesurés de la hauteur du sol

(1) Nous devons faire observer que ces végétaux avaient été cultivés dans des terrains arrosés ; depuis cette époque, nous les avons semés au sec, et les résultats ont été comparativement les mêmes.

jusqu'à la courbure de l'épi, ont donné 2 mètres 40, 2 mètres 30, 1 mètre 65 et 1 mètre 55. Tous, à cette époque, portaient un second épi.

Les sorghos des Cafres ont atteint 1 mètre 93, 1 mètre 80, 1 mètre 20, 1 mètre. Tous avaient différentes pousses.

Le sorgho à balai mesure 2 mètres 80, 2 mètres 67, 1 mètre 61. Les épis des sorghos blancs et des Cafres sont tous contournés (1), l'épi regardant vers le sol; les entre-nœuds sont beaucoup plus rapprochés que ceux de la canne à sucre de la Chine; généralement, chaque tige donne plusieurs épis. L'intérieur de celle-ci est semblable à celui des maïs, et ne contient aucun suc particulier. Dans les sols non soumis à l'arrosage, il arrive quelquefois que les sorghos blancs et des Cafres ont leurs épis moins contournés, mais les pieds donnent toujours, selon les terrains, plusieurs épis partant tous des entre-nœuds. Le sorgho à balai est le seul qui donne le plus ordinairement un épi. Nous avons étudié les graines des différents sorghos au point de vue alimentaire pour la confection du pain, mais nous pensons que ce n'est pas dans cet ouvrage que nous

(1) Si les épis de ces deux sorghos souffrent de la sécheresse, ils ne sont pas contournés. En semant très-rapproché le sorgho blanc, nous sommes parvenu à lui faire produire un épi identique à celui du blé.

devons consigner les résultats de nos observations. Soit dit en passant, la farine du sorgho blanc et celle de la canne à sucre de la Chine sont les deux meilleures pour l'alimentation. La racine des trois sorghos ne présente pas les dispositions que l'on verra plus tard dans celle de la canne à sucre de la Chine. Quant au sorgho à balai, ses entre-nœuds sont plus longs que ceux de ses congénères. Le support de la graine est contourné sur lui-même, et l'épi, comportant une moins grande quantité de graines que celui de la canne à sucre de la Chine, s'incline toujours vers le sol.

La canne à sucre de la Chine, au contraire, monte toujours droit sur sa tige, même dans les terrains secs; son épi représente, on ne peut mieux, le bonnet chinois anciennement en usage dans la musique des régiments. L'élégance du port de cette plante est d'autant plus remarquable, qu'elle est cultivée à côté des sorghos. Les feuilles des sorghos ne peuvent se plier sans se briser. Il n'en est pas de même de celles de la canne à sucre de la Chine, avec lesquelles on peut obtenir un rond parfait.

Comme on a souvent comparé la canne à sucre de la Chine avec le sorgho à balai, nous avons voulu savoir si la composition de ces deux cannes était identique, superficiellement au moins. Nous avons donc pris, de chaque, une même longueur de 77 centimètres ; nous avons eu soin de les mesurer au compas d'épaisseur pour nous assurer de l'identité de leur développement. Ces précautions prises, nous avons pesé cette même longueur (1) et nous avons obtenu, pour le sorgho à balai, 35 grammes, et 137 grammes pour la canne à sucre de la Chine. Cette dernière contenait, sur cette même longueur, 1 décigramme 7 centigrammes de cérosie. Il n'existe aucune trace de cérosie dans les sorghos. Nous avons commencé à étudier ces différentes plantes au point de vue tinctorial. Jusqu'à ce jour, les études que nous avons entreprises à ce sujet, nous assurent que le sorgho des Cafres contient dans ses glumelles des principes tinctoriaux qui seront peut-être utiles, mais qui diffèrent complètement de ceux que nous avons obtenus de la canne à sucre de la Chine. Il en est de même du sorgho blanc et du sorgho à balai. Il nous est bien démontré que la paille de ces trois sorghos ne peut s'employer dans l'industrie, soit pour la confection des chapeaux ou autres objets pour lesquels la canne à sucre de la Chine remplace parfaitement les pailles connues (2). Au point de vue

(1) Cette expérience a été faite le 1er avril. Les cannes avaient été coupées le même jour et mises côte à côte dans le même local.

(2) Nous avons démontré la vérité de ces assertions par les échantillons de pailles tressées que nous avons envoyés à la So-

de la fabrication du papier, les plantes dont nous venons de nous occuper, se trouvent classées dans les maïs; ce qui nous semble une raison de plus pour considérer la canne à sucre de la Chine comme une plante spéciale. Nous pensons que, dans la détermination d'un végétal, il est nécessaire de ne pas s'en tenir seulement à ses caractères botaniques, et qu'il serait utile de le considérer au point de vue industriel et manufacturier. Les caractères botaniques sont les mêmes dans beaucoup de plantes, dissemblables quand on les soumet à une étude scientifique.

On a pensé que le voisinage des sorghos blancs des Cafres et du sorgho à balai, pouvait avoir des inconvénients pour la canne à sucre de la Chine. Nous avons cultivé ces plantes côte à côte et le mélange de leur pollen n'a pas influencé cette dernière. Il n'en a pas été de même du sorgho blanc, qui perd de sa blancheur et devient semblable au sorgho des Cafres.

Nous pensons que les études précédentes peuvent avoir quelque utilité; c'est ce qui nous a décidé à les publier. Nous ne tenons nullement au nom de canne

ciété Impériale Zoologique d'Acclimatation. Nous avons porté, l'été passé, un chapeau que nous avons fait confectionner avec nos pailles brevetées (S. G. D. G.). C'est dans notre deuxième volume que nous donnerons des détails à ce sujet.

à sucre de la Chine ; mais nous l'adoptons parce que cette plante est connue en Chine, son berceau, sous cette dénomination, qui nous semble rendre parfaitement l'idée que l'on doit se faire de cette précieuse graminée.

Depuis la publication de notre première édition, M. Jules Itier, qui faisait partie de la mission envoyée en Chine par le Gouvernement français, vient de publier une petite brochure sur le sorgho sucré, appelé, dans la province de Kwang-tong (Chine), *Kao-Lien*. Nous en parlerons dans une autre partie de cet ouvrage.

CHAPITRE II.

Culture de la Canne à sucre de la Chine.

L'origine et la fin de toutes choses sont cachées dans un mystère, parce que Dieu est leur principe et leur fin; et l'homme n'en voit que le milieu, parce que son esprit est borné.
Ch. SAINTE-FOI.

La première question qui se présente à l'esprit de l'agriculteur est de savoir quelle est la qualité de terrain qui convient à la plante qu'il veut semer. Des expériences comparatives ont été faites, en France, sur la canne à sucre de la Chine, dans toutes les qualités de terrain, et toutes ont produit des résultats avantageux pour l'agriculteur instruit.

Nous conseillerons, cependant, quand il s'agit de terrains, d'en étudier, d'une manière particulière, la composition intime, afin de savoir quel est le mode de fumure le plus approprié à la terre dont on dispose. Cette observation générale ne peut guère s'appliquer à la canne à sucre du nord de la Chine. Il est d'observation que, pour la culture de la canne à sucre des colonies, la bagasse, par exemple, ou tout autre objet de ce genre est préférable comme mode de fumure (1). Partant, de ce point, nous engageons à fumer les terres destinées à la culture de la canne à sucre de la Chine, avec des tourteaux ou autres substances qui ne contiennent aucun principe animal, l'ammoniaque étant inassimilable avec la sève des graminées destinées à produire du sucre. Ainsi, pour la culture de la canne à sucre, les tourteaux ou autres détritus de plantes, et l'en-

(1) Les terres pourvues d'engrais animaux, quand il s'agit de plantes qui servent à la fabrication du sucre, donnent, il est vrai, de magnifiques cannes; mais le jus qu'on en extrait est mucilagineux et salin, ce qui le rend tout-à-fait impropre à la fabrication du sucre. Si l'on cultivait la canne à sucre de la Chine dans des terrains nouvellement défrichés, nous sommes sûrs qu'on obtiendrait d'excellents produits et très-abondants; mais il serait urgent, dans ce cas, de défoncer la terre sans la brûler, car autrement on obtiendrait des cannes très-développées, mais qui contiendraient une grande quantité de sucre incristallisable; elles seraient bonnes seulement pour la distillation. C'est ce qui nous est arrivé dans des études que nous avons faites depuis la publication de notre premier travail.

fouissement en vert de certains végétaux, peut être d'une grande utilité. Ce dernier mode de fumure, peu usité dans nos contrées, présente de grands avantages pour la culture des graminées.

L'enfouissement en vert doit, d'autant plus, attirer l'attention des grands propriétaires du midi de la France et de l'Algérie, qu'on pourrait peut-être retirer un profit des petits pois ou fèves en vert, par exemple, et enfouir les plantes à la fin du mois d'avril. On obtiendrait ainsi, sur le même espace de terrain, deux récoltes (1) : la première, chanceuse, puisqu'elle serait la conséquence d'un hiver plus ou moins rigoureux ; l'autre, assurée et d'un profit certain.

Nous dirons à ce sujet que M. Lautier, propriétaire à la Rose (banlieue de Marseille), a semé des cannes à sucre, de la Chine, dans un champ contenant des pommes de terre, sans autre engrais que celui qui a servi à la culture de cette plante ; il a obtenu deux bonnes récoltes : l'une, de parmentières ; l'autre, de cannes à sucre de la Chine, et encore n'avait-il pas eu le soin d'enfouir les fannes de pommes de terre dans le champ même ; chaque plante de la solanée avait reçu une poignée d'engrais

(1) On pourrait aussi employer les plantes fourragères dont on ferait une première coupe, et qui seraient enfouies à la même époque.

composé, en partie, de fiente de pigeon, et le semis des cannes à sucre de la Chine a été fait sans fumure aucune et à l'époque où les pommes de terre avaient déjà atteint le volume d'un œuf de pigeon et même davantage. Plusieurs personnes, sur notre invitation, ont essayé ce mode de culture, et elles s'en sont bien trouvées. Nous même avons entouré nos champs de pommes de terre avec cette plante précieuse, et nous avons eu lieu d'être satisfait.

Nous avons eu à notre disposition quelques-unes des cannes provenant de la plantation de M. Lautier; elles étaient d'un beau développement, mais impropres à la fabrication du sucre par la grande quantité de substances étrangères contenues dans leur jus : ce qui se comprend, si nous réfléchissons que le fumier précédemment mis dans ce sol, était de la fiente de pigeon, et non des engrais végétaux; cependant, ces cannes pouvaient donner de l'alcool de bonne qualité.

Ce que nous venons de dire précédemment est corroboré par l'expérience des Chinois (1), que l'on

(1) Les horticulteurs français sont loin d'avoir l'activité des agriculteurs de ce pays peu connu. Chez les Chinois, rien n'est perdu, et il n'est permis à personne de se reposer : hommes, femmes, enfants, estropiés, tout le monde porte son contingent au travail. En est-il de même sous notre beau ciel de Provence? Nous laissons à chacun de nos lecteurs le soin de résoudre cette question. Déjà, dans quelques salles d'asile du Nord, on initie

peut citer comme un exemple quand il s'agit d'agriculture (car nous devons leur rendre cette justice qu'ils en savent plus que nous sur ce sujet); les Chinois, dis-je, emploient les engrais selon la plante qu'on doit récolter. Aussi, ils se garderaient bien de fumer de la même façon des terres destinées à la culture du riz, du thé ou autres plantes.

Ne perdons pas de vue que nous nous occupons d'une plante éminemment chinoise; qu'elle soit particulière au sol de ce pays, ou qu'elle y ait été apportée par des migrations successives, il n'en conste pas moins que la graine (1) qui nous a été

les enfants aux études de l'agriculture pratique; ils manient tour à tour la houe, la serpette, le râteau, l'arrosoir et les instruments de jardinage, et prennent ainsi des forces pour leurs études intellectuelles : l'on parviendra par ce moyen à obtenir des hommes faits, au lieu de grands enfants. Faisons des vœux pour que notre beau Midi suive cet exemple : la routine jettera les hauts cris, mais le progrès ira trop vite pour entendre ses lamentations. Malheureusement, le progrès n'est pas encore venu, et sauf une ou deux exceptions, on ne voit pas les instituteurs marcher dans cette voie qui, cependant, serait bien utile sous tous les rapports. Nous voudrions même que dans les établissements du Gouvernement, où l'on élève les enfants, tels que lycées et pensionnats, on les obligeât à se livrer, pendant quelques heures de la journée, aux travaux agricoles ou horticoles; nous n'en dispenserions pas même les jeunes filles, qui acquerraient ainsi une santé qui leur manque souvent, faute d'exercice, et qui est une des causes de la dégénérescence des races.

(1) En 1857, la Société Impériale Zoologique d'Acclimatation a reçu de M. de Montigny, un envoi considérable de graines. Nous

fournie par M. de Montigny, a pris naissance en Chine.

Nous pensons qu'il est très-essentiel de savoir quel est le mode de culture adopté dans la patrie de la graine soumise à notre examen. C'est pour n'avoir pas assez étudié cette question que nous sommes privés, en France, de beaucoup de plantes utiles sous une infinité de rapports, et qui ont, cependant, été essayées. Faisons des vœux pour que nos collègues de la Société Impériale Zoologique d'Acclimatation, confient l'étude de ces questions à des hommes compétents (1), et nous ne doutons pas qu'ils

les avons cultivées dans les mêmes conditions que celles que nous avions récoltées; les graines de Chine qui, soit dit en passant, n'étaient pas mûres, sont sorties en même temps que les autres; mais plus de la moitié n'a pas germé. Du reste, la canne s'est conduite de la même façon que celles qui venaient de nos récoltes, c'est-à-dire qu'elle contenait la même quantité de sucre. Nos graines n'ont donc pas dégénéré.

(1) Quand il s'agit d'acclimatation, ce ne sont pas toujours les hommes les plus éminents dans la science, qui rendent les plus grands services. Pour bien étudier une plante nouvelle, il faut la suivre dans toutes ses évolutions, examiner sa composition physique et morale, s'il est possible de parler ainsi. Ce n'est que par ce moyen qu'on peut arriver à les assimiler à une nouvelle patrie. C'est pourquoi ce n'est pas la grande quantité de graines que l'on reçoit des pays étrangers, qui rend l'acclimatation plus aisée; la plante qui nous occupe en est un exemple frappant. Sur les dix grammes de graines envoyées au Comice Agricole de Toulon, une seule plante a réussi chez M. Robert, ancien directeur du Jardin botanique de cette ville. C'est à elle que l'on doit tout ce

doteront notre belle patrie d'une immense quantité de plantes utiles, dont l'existence est même ignorée en France. L'Algérie (1) sera la première étape dans laquelle les plantes seront reçues; le midi de la France et les environs de Marseille seront les points intermédiaires d'où elles rayonneront dans toutes les contrées.

Quel est le mode de semis que l'on doit adopter; quelle est l'époque à laquelle on doit le faire; quels sont les avantages et les inconvénients de la transplantation ou des semis sur place?

Les uns, prétendent que le semis doit être fait en lignes distantes l'une de l'autre d'un mètre; d'au-

qui se cultive maintenant en France (1). Si MM. les Membres du Comice agricole de Toulon n'avaient pas jugé convenable de confier à M. le Directeur du Jardin botanique toutes les semences qu'ils avaient reçues, si la précieuse graine était échue en partage à un homme moins zélé pour les intérêts de l'agriculture, on eût dit que la culture de la canne à sucre du nord de la Chine était impossible en France. C'est ce qui est arrivé pour beaucoup de plantes. On ne saurait trop se rappeler que le mot impossible n'est pas français.

(1) Nous devons à la vérité de déclarer que M. de France cultive à la ferme école de Manderel (Tarn) la canne à sucre de la Chine depuis 1851, mais seulement à titre d'essai.

(1) La France possède en Algérie un magnifique jardin d'acclimatation. Pourquoi les plantes qu'on y propage ne seraient-elles pas envoyées en France et remises aux membres de la Société Impériale Zoologique d'Acclimatation, possédant des propriétés dans le midi de la France et qui feraient leur possible pour les acclimater? Ce serait, nous le croyons, un excellent moyen de propagation.

tres, pensent que l'on peut semer à la volée, en ayant soin, toutefois, plus tard, d'enlever les plants surnuméraires, pour ne laisser, entre chaque plante, qu'un espace limité.

Quant à nous, nous pensons qu'il est indispensable de semer en lignes. Quel avantage, en effet, trouve-t-on de semer à la volée, puisque, plus tard, on sera obligé d'enlever une partie des plants, ce qui implique double travail? Il est vrai que ces plants peuvent être repiqués dans d'autres terrains.

Mais nous le demandons aux hommes de science, aux hommes pratiques, à ceux qui, par eux-mêmes, ont cultivé avec soin les plantes usuelles : Pensez-vous franchement, la main sur la conscience, qu'une plante enlevée du sol dans lequel elle a pris racine, puisse égaler la force de celle qui n'a pas été dérangée dans son accroissement? Quelques-uns répondront que la transplantation ne produit aucun dérangement dans la sève. Ils sont dans le vrai, si cette transplantation a été faite dans les conditions voulues, c'est-à-dire si l'on a pris soin d'enlever chaque plant avec une motte de terre assez grande, pour qu'aucune des fibriles de racine n'ait été gravement lésée.

Dans ce cas, nous partageons l'avis de ceux qui prétendent que les plants peuvent être transplantés.

Nous comprenons que, dans une culture de quelques mètres carrés, on puisse prendre ces précautions; mais, nous le demandons à tout homme de bon sens, peut-on les prendre lorsqu'il s'agira de plusieurs hectares de terrain, surveillés, sans doute, mais confiés, la plupart du temps, à des mains inintelligentes? Supposant même que l'on prenne toutes les précautions voulues pour l'enlèvement des jeunes plants surnuméraires, ceux qui auront été épargnés, et qui doivent donner une récolte sur ce terrain, seront-ils placés dans des conditions de bonne culture, et pourra-t-on assurer que l'enlèvement de leur voisin ne leur a porté aucun préjudice?

Des réflexions précédentes ne suit-il pas que le mode de culture à la volée porte préjudice, non-seulement à la plante enlevée, mais encore à celle qui doit survivre à ses congénères? Si ces considérations ne suffisaient pas pour déterminer les agriculteurs à adopter le semis en ligne, nous leur dirions : Votre intérêt s'y trouve; en effet, si vous disséminez dans vos champs la masse d'engrais nécessaire à la culture de la plante dont nous nous occupons, vous serez obligés d'en mettre une beaucoup plus grande quantité, et le produit que vous en retirerez ne sera pas en rapport avec la dépense faite.

La canne à sucre de la Chine est une graminée. Les plantes de cette famille ne vont pas chercher au loin leur nourriture. Si vous les obligez à éparpiller leurs racines, si vous les mettez dans des conditions telles qu'elles ne puissent pas vivre de leur propre fond, vous aurez toujours, certainement, une récolte; mais elle ne sera pas en proportion de celle obtenue par un voisin plus intelligent.

Quelques-uns prétendent qu'il est préférable de faire des semis sous châssis, fin mars ou dans le courant d'avril, pour pouvoir les transplanter dans la première quinzaine du mois de mai environ. Ce mode de semis, que l'on doit adopter dans les pays où les rigueurs de l'hiver se font sentir pendant une grande partie de l'année, ne peut convenir dans le midi de la France et dans l'Algérie; nous l'avons surabondamment prouvé dans les lignes précédentes.

La transplantation produit un mouvement d'oscillation dans la plante qui nous occupe; elle retarde sa croissance pendant un temps plus ou moins long, selon la différence des terrains dans lesquels on la transplante. Ce temps perdu est compensé dans la plante semée sur place, par une plus grande végétation. Chez cette dernière, dès que le semis a levé, il continue son mouvement ascensionnel jusqu'au moment de la maturité complète de ses graines; si un contre-temps survient à cette plante, elle surmonte bientôt cette difficulté, car elle contient dans son sein des germes de vie qui ont été brisés par la transplantation.

Cependant, malgré ce que nous en avons dit, on peut essayer ce mode de culture; c'est surtout dans les pays froids qu'il sera adopté. Il est à remarquer, en effet, que, plus l'hiver est long, plus la saison chaude acquiert d'intensité. M. de Montigny nous citait, à ce sujet, qu'en Chine, des hivers excesvement rigoureux, tels que nous n'en avons jamais en France, n'empêchent pas d'avoir pendant quelques mois de l'année, des chaleurs plus que caniculaires. Ce fait explique la possibilité de cultiver la canne à sucre de la Chine, dans des pays même très-froids; on ne parviendra certainement pas à obtenir la maturité de la graine, mais la plante arrivera à un degré de développement tel qu'elle pourra servir à divers usages. Nous ne serions même pas étonné qu'on parvînt, plus tard, à obtenir dans ces pays, la maturation de la graine; le seul moyen pour y parvenir serait d'avoir son plant disposé de telle façon qu'on pût le transplanter dès les premiers beaux jours.

Nous conseillons d'essayer, en même temps, le semis sur place, et nous pensons que, si l'on parvenait à le préserver des froids tardifs, on obtiendrait de plus beaux résultats que par la méthode de transplantation (1). On verra, dans le cours de cet ouvrage, que cette plante, parvenue à un certain point de sa végétation, pousse avec une vigueur inconnue dans les graminées que nous cultivons.

A quelle époque doivent se faire les semis?

M. Itier nous raconte dans sa brochure (2) de qcelle façon on cultive cette plante en Chine. Nous devons le laisser parler :

« On fait à la fin d'avril un semis dru et superfi-
« ciel de kao-lien, dans une terre bien préparée
« et fumée; quand les jeunes plants ont atteint
« 7 à 8 pouces de hauteur, on les repique au plan-

(1) Quelques graines de canne à sucre de la Chine qui étaient tombées des plantes que nous avons cultivées en 1854, ont passé l'hiver en pleine terre. Au printemps, une façon fut donnée à ce sol pour toute autre culture. Au milieu du mois de mai, environ, nous avons vu sortir de ce sol des plantes de canne à sucre de la Chine, qui ont végété avec une vigueur inconnue jusqu'à ce jour. Nous avons eu aussi, à cette époque, quelques racines de l'an passé qui ont poussé des tiges et qui seraient sans doute parvenues à leur maturité, car elles avaient acquis un mètre de longueur, lorsque le cultivateur, ignorant les qualités de ces plantes, et étant gêné par elles dans ses travaux, les a arrachées; On y voyait la racine ancienne, dont la couleur foncée contrastai avec la couleur jaunâtre de la racine nouvelle.

(2) *Du Sorgho sucré* (*Holcus saccharatus*), Kao-Lien de la province de Kwang-Tong, Chine, par M. Jules Itier. Montpellier, 1857.

« toire à un pied de distance les uns des autres, en « lignes espacées de 2 pieds et demi et l'on arrose « plusieurs fois le sol pendant la saison sèche. »

Devons-nous adopter en France la mode chinoise de transplantation?

Nous avons déjà dit à ce sujet tout ce que nous pensons.

Dans le midi de la France, les semis doivent se faire sur place, fin mars, au commencement d'avril et dans les premiers jours de mai (1), si l'on veut obtenir des plantes parfaitement mûres. Il n'en est pas de même si l'on cultive cette plante pour fourrage. Nous traiterons cette question dans un chapitre à part. Si l'on possède des terrains secs, il faut semer dans le courant de mars, les graines ne craignent rien du froid, tant qu'elles sont dans le sol. La preuve, c'est que, depuis 1854, nous avons toujours eu sur le même

(1) M. Alphandéry jeune, de Saint-Remy, dit (1) avoir semé « à la fin du mois de mai et même dans la première quinzaine de « juin, sans que l'intervalle de temps qui sépare les premières « semailles des dernières ait permis de constater entre elles une « différence quelconque dans les produits. » Il est vrai que cet honorable agriculteur opère dans des terres humides ! Quant à nous, nous avons fait cette expérience, elle ne nous a pas réussi. M. Icard, propriétaire à Vitrolles, qui avait semé, l'an passé, vers la mi-mai, n'a pu obtenir la maturation de ses plantes. Il est juste de dire qu'elles n'ont pas été arrosées.

(1) *Sorgho sucré.* Résumé de deux rapports à M. le Président de la Société d'Agriculture des Bouches-du-Rhône, les 27 novembre et 16 décembre 1855. (Carpentras 1857.)

terrain, des plantes de canne à sucre de la Chine, qui sont produites par des graines tombées. Ces graines ont passé tout l'hiver en terre, et il est à remarquer que ce sont celles qui sortent le plus tard et qui viennent le plus vite. Elles sont dans un terrain arrosé. Nous ne voyons donc aucun inconvénient à semer de bonne heure; il est vrai que M. le comte de David de Beauregard, l'honorable président du comice agricole de Toulon, a perdu quelquefois ses semis du mois de mars et du mois d'avril; mais dans ce cas, ce sont les gelées tardives, gelées qui viennent après des beaux temps, ce qui arrive quelquefois dans le Midi, surtout depuis plusieurs années. Quant à nous, nous n'avons jamais perdu nos semis; mais il nous est arrivé de les voir sortir fort tard, à tel point que nous les croyions perdus.

Les semis doivent se faire en lignes espacées d'un mètre dans un sens, et de trente, quarante, cinquante, soixante-quinze centimètres dans l'autre, selon la nature du terrain et les arrosements dont on peut disposer; nous avons même cultivé en lignes espacées d'un mètre dans tous les sens, et nous devons à la vérité de dire que les produits ont été à peu près égaux d'un côté comme de l'autre; toutefois, nous avons adopté définitivement la distance d'un mètre dans un sens et quarante centimètres dans l'autre (1). Ces mesures ne sauraient être, cependant, rigoureuses, attendu qu'elles dépendent, en grande partie, de la qualité du terrain et des arrosements dont on peut disposer.

On nous reprochera sans doute de n'avoir pas encore dit de quelle façon on devait préparer la terre destinée à la culture de la canne à sucre de la Chine. Le mode de préparation usité pour la culture du maïs est celui que l'on doit employer; seulement, lorsqu'on sème la canne à sucre de la Chine, on doit, dans chaque trou, mettre le tourteau avec trois graines; on peut aussi semer à la charrue: dans ce cas, une personne passe derrière l'instrument et dépose une poignée de tourteau à chaque pas, le semeur met les grains sur l'engrais; on recouvre et l'on continue le même manége au troi-

(1) Ce qui nous a déterminé a adopter ce mode de plantation, c'est la nécessité dans laquelle on se trouve journellement de passer à travers la plantation, la récolte ne se faisant pas d'un seul jet, mais successivement sur une même plante. On comprend parfaitement qu'une distance de cinquante centimètres n'est pas suffisante dans une plante qui occupe quelquefois un mètre carré; c'est ce qui nous est arrivé dans nos semis de 1854. A cette époque, M. Decaisne ayant demandé à l'hororable Président de la Société d'Horticulture de Marseille un échantillon de la canne à sucre de la Chine, nous lui avons envoyé une plante ayant dix-huit tiges, et sur laquelle on pouvait suivre toutes les phases de la vie de la plante, depuis sa naissance jusqu'à la maturation de sa graine.

sième sillon en croisant autant que possible le semis. M. Caralp, chef de culture au Pénitencier Saint-Pierre, de Marseille, met le tourteau tout autour des jeunes plants au moment du buttage de la plante.

A notre avis, ce dernier mode de fumure est recommandable; quant à nous, nous avons obtenu, à notre propriété de Séon-Saint-André, une bonne récolte, sur un sol de bonne qualité, qui, depuis dix ans, était cultivé en artichauts, lesquels artichauts n'avaient jamais été fumés. Au mois d'avril, au moment où les feuilles d'artichaut avaient déjà acquis un certain degré de développement, nous avons fait donner une facture à la bèche, d'environ 60 centimètres de profondeur, recommandant de mettre au fond les feuilles d'artichaut et d'enlever les grosses racines. Ce mode de fumure à bon marché nous a bien réussi.

Nous engagerons les personnes qui habitent des pays dans lesquels la terre est froide pendant longtemps, à essayer le procédé de M. Duval, par lequel cet honorable praticien est parvenu à obtenir la maturation du coton en pleine terre, à Paris.

Il met ses graines dans « des potets et 25 gram-
« mes de son au minimum. Ce son s'échauffe dans
« les 24 heures, s'altère, se décompose; une quan-

« tité de calorique suffisante pour faire sortir les « germes et permettre aux cotylédons de se déve-« lopper librement, est bientôt dégagée. »

Il paraîtrait, d'après ses expériences, que le son, en se décomposant, développe une grande quantité de chaleur, et que la plante est ainsi amenée peu à peu à la température du sol; nous comprenons cet effet pour la racine, mais il nous semble que la partie de la plante hors du sol est exposée à tous les changements de température; du reste, nous ne jugeons pas la question et nous engageons à essayer le procédé (1), qui, s'il réussit, rendra de grands services en activant la végétation de plantes que nous ne pouvons cultiver aujourd'hui.

Avant de semer la graine de la canne à sucre de la Chine, il est utile de la baigner dans de l'eau pendant 24 à 48 heures; par ce moyen, on active la végétation; on peut même les tremper dans l'eau tiède, ce qui serait encore préférable. Il est indispensable de ne pas les enfouir trop profondément; un trou de deux ou trois centimètres est suffisant. Nous sommes persuadé

(1) M. Duval emploie, à Paris (1), 50 grammes de son au lieu de 25. Il place ses graines au-dessus du son, et arrose légèrement. Ses graines du cotonnier étaient levées six jours après l'ensemencement.

(1) Voir, pour plus de détails, le *Nouveau Journal des connaissances utiles*, tome 5, page 236.

que beaucoup de personnes qui ont essayé la culture de cette plante, et qui n'ont pas réussi, doivent à la profondeur à laquelle ils avaient enterré leurs graines, la perte de leur semence (1). Nous avons semé des graines avec et sans leurs cupules ; les premières ont mis quinze jours à sortir de terre ; les secondes dix jours. On voit qu'il serait utile d'enlever la cupule, afin d'obtenir une sortie plus prompte. Ce mode de préparation est indispensable dans les pays où la chaleur est de peu de durée ; la promptitude de la première végétation de cette plante étant nécessaire pour une bonne réussite.

Dans certains terrains plus humides, la germination se fait plus tôt, surtout si la chaleur de la terre aide cette première germination. Nous avons semé des cannes à sucre de la Chine dans une serre chauffée, maintenue constamment à une température de 26 degrés centigrades, et ce n'est que dix jours après que nous avons vu sortir la plante du sol. Nous en avons conclu que cette température était indispensable pour la germination de cette graminée, tandis que les sorghos à balai,

(1) Quoique les moineaux mangent très-volontiers cette graine, ils ne nous ont fait aucun mal dans nos plantations, où toutes les graines ont germé sans exception. Nous pensons, cependant, qu'il est utile de les éloigner des champs semés au moyen d'épouvantails.

blancs, des Cafres, soumis à la même expérience, sont sortis : le premier, au bout de huit jours ; le deuxième, au bout de sept jours ; celui des Cafres, en huit jours. Une fois hors du sol, les sorghos ont poussé avec vigueur ; il n'en a pas été de même de la canne à sucre de la Chine ; cette dernière, quoique hors de terre, est restée plusieurs jours avant de montrer ses feuilles ; elle était, cependant, placée dans les mêmes conditions que les autres plantes : elle demande donc une plus grande chaleur. Plusieurs expériences que nous avons faites concurremment en plein air et dans diverses saisons, nous ont assuré de la véracité du fait que nous relatons.

L'enfance de la canne à sucre de la Chine est longue ; mais une fois qu'on a dépassé cette période de sa vie, on est presque assuré d'une bonne réussite, malgré quelques variations dans la température, pourvu qu'elle ne baisse point au-dessous de deux degrés sur zéro.

Le binage doit se faire un mois environ après la sortie de la plante ; un sarclage précédent serait indispensable dans un sol foisonnant en mauvaises herbes.

Faut-il butter ces plantes ? Nous ne déciderons pas la question, mais nous dirons : Dans les cultures que nous avons faites, les plantes buttées ont moins résisté aux vents impétueux ; ce qui nous a fait présumer que le buttage était loin d'être indispensable. Une seconde considération, qui mérite toute la sollicitude de l'agriculteur, est que les racines de la canne à sucre de la Chine sont de deux espèces : l'une, primitive, sert à donner la nourriture à la plante ; d'autres, que nous appellerons secondaires ou adventices, prennent naissance aux nœuds, au-dessus du sol, viennent ensuite donner à la plante non-seulement un étai suffisant, mais encore des suçoirs destinés, sans doute, à la nourriture de la graine et à la production des œilletons qui se manifestent, quelquefois, peu de temps après la sortie des racines (1).

Nous avons butté à 15 centimètres de profondeur à l'époque où les plantes allaient lancer leurs secondes racines. Cet isolement de l'atmosphère a suspendu la production des racines secondaires ; la

(1) Les racines secondaires de la canne à sucre de la Chine se développent au moment où la plante commence à taller ; elles sont complètement différentes de celles émises par le maïs ; ces dernières ne sont pas pourvues de suçoirs, et servent, seulement, à maintenir la plante sur le sol. Pour sanctionner ce fait, nous avons cultivé, concurremment sur le même terrain, la canne à sucre de la Chine et le maïs, jamais ces derniers n'ont poussé des suçoirs aux racines destinées à consolider la plante dans le sol.

plante s'est étiolée ; elle a donné des cannes d'une grosseur insignifiante et des épis moindres encore.

L'espace de terrain soumis à cette épreuve, comprenait 2 mètres 80 centimètres de large, sur 10 mètres de longueur, et contrastait d'une manière pénible avec la vigueur des plantes, qui n'avaient pas été soumises au même traitement ; la teinte blafarde de leurs tiges, l'exiguité de leur hauteur, la diminution d'ampleur des feuilles, indiquaient assez que la plante avait été privée d'une partie essentielle de sa nourriture. Nous avons constaté, en les arrachant plus tard, que, depuis cette époque, la canne n'avait poussé aucune racine : elle vivait sur ses racines anciennes et n'avait pas la force d'en pousser de nouvelles. Une ou deux plantes ont, seules, fait exception à cette règle et donné des panicules un peu plus gros, mais qui n'avaient que 10 à 15 centimètres de hauteur. Il nous semble prouvé, d'après cette expérience, que la canne à sucre de la Chine a besoin de racines élevées au-dessus du sol (1), prenant dans l'atmosphère une

(1) Nous avons vu des cannes à sucre de la Chine pousser des racines par des nœuds élevés d'un mètre au-dessus du sol. Il n'est pas rare de voir pousser ces racines des trois premiers nœuds ; elles filent alors le long de la canne et viennent ensuite s'implanter dans le sol. Nous avons eu une plante qui se trouvait sur le bord d'une rigole de 30 centimètres de profondeur ; elle

alimentation, fournie sans doute par l'air ambiant, et une élaboration de suc qui est due au contact de ses racines avec l'ardeur du soleil. Nous pensons donc que le buttage est inutile à cette plante ; nous oserions presque dire qu'il est dangereux.

Depuis la première publication de ce travail, nous avons cherché à élucider cette question et nous pensons, d'après nos expériences, que le buttage n'est pas indispensable ; voici un fait qui semble le prouver. Nous avons semé diverses graines tout à fait sur le sol, de telle façon qu'en poussant, une d'elles, surtout, était presque séparée de la terre : elle y tenait à peine par un léger fil ; cette plante a poussé quatre tiges qui rasaient le sol, et sont parvenues ainsi à la longueur de cinquante centimètres. Alors, elles se sont relevées pour fournir leur épi. Des racines nombreuses sont sorties du collet, et malgré de grands vents qui ont régné dans notre localité, cette plante a résisté, tandis que d'autres, qui avaient été légèrement buttées, ont été couchées sur le sol. On trouvera peut-être que nous entrons dans des

avait poussé, du premier nœud au-dessus du sol, des racines nombreuses qui venaient s'implanter dans le fond de la rigole ; là, elles se divisaient en une infinité de suçoirs. Nous avons remarqué que l'émission de ces racines correspondait généralement avec l'émission des branches partant de chacun des nœuds de la plante.

détails trop minutieux, mais nous pensons que les véritables praticiens nous sauront gré d'aller au devant des objections qui peuvent se présenter.

Quoique la canne à sucre de la Chine réussisse dans des terrains non arrosables, nous pensons qu'il est utile de pouvoir lui donner une humidité raisonnable, qui est indispensable pour sa bonne venue. Nous savons que la canne à sucre des colonies, cultivée dans un terrain sec, produit des cannes plus sucrées, plus faciles à cuire, et qui rendent davantage que celles cultivées dans des terrains humides ; dans ce dernier cas, elles sont plus aqueuses, plus dures et moins sucrées. Il faut dire aussi que la saison y contribue beaucoup : plus elle est sèche, plus les cannes ont des substances épurées et prêtes à se convertir en sucre. Il en est de même de la canne à sucre de la Chine ; mais, sous notre beau climat de Provence, où nous sommes privés, quelquefois, de pluie pendant cinq à six mois, il serait difficile de cultiver cette plante sans arrosement. On peut le faire seulement dans les localités où quelques pluies viennent entretenir l'humidité du sol. Plusieurs personnes, à qui nous avions donné des graines, les ayant essayées dans des terrains non arrosés, ont obtenu une récolte moyenne; il est donc à présumer que cette plante réussira, même dans des terres sèches ; dans ce cas, il serait utile de savoir si la quantité de sucre qui y serait contenue et sa facilité d'extraction ne compenseraient pas en partie la diminution de quantité.

Nous nous sommes assuré, par des expériences positives, que la canne à sucre de la Chine peut venir sans être arrosée. Elle n'est pas aussi belle, mais elle donne de bons produits. Nous l'avons fait cultiver à Vitrolles et à Berre. Nous parlerons de ses rendements dans un autre chapitre.

Nous connaissons telle localité dans laquelle deux ou trois arrosements dans la saison, ont suffi pour assurer une bonne récolte. Il est même à observer qu'une trop grande quantité d'eau nuit à cette plante, si on la considère au point de vue du sucre et de l'alcool.

On devrait essayer la culture de la canne à sucre de la Chine dans des terres presque marécageuses; nous pensons que les plantes, venues dans ces conditions, seraient impropres à la fabrication du sucre ; mais tout nous porte à croire que l'on pourrait en retirer une grande quantité de fécule et d'eau-de-vie. Les expériences que nous avons faites sur deux ou trois plantes, mises exprès dans ces conditions, nous font penser que l'on devrait tenter des essais en grand.

Plusieurs personnes nous avaient promis de faire

cet essai ; mais aucune d'elles ne nous a mis au courant des résultats.

Il serait d'autant plus utile d'essayer ce mode de culture, qu'il développerait, peut-être, dans cette plante, divers produits qui la rapprocheraient du *sagouier* ou *sagoutier*, c'est-à-dire une fécule *sui generis*, qui serait d'une grande ressource dans l'alimentation des maladies. Nous comptons, du reste, poursuivre nos études sur ce sujet intéressant à divers points de vue.

Nous savons que M. le comte de Kercado, vice-président de la Société d'Horticulture de la Gironde, a obtenu des cannes de belle venue dans les Landes. M. Charles Baltet, horticulteur distingué et secrétaire général de la Société d'Horticulture de l'Aube, a obtenu de beaux résultats. Nous le laissons parler lui-même. Voici ce qu'il nous écrivait, le 8 janvier passé, au sujet de ses cultures et de celles qui ont été faites dans son département.

« Notre sorgho à sucre était de la plus grande
« beauté ; c'est dans un terrain tourbeux que le
« semis a été fait au mois de mai ; le sol a été
« seulement bêché. Le semis, fait en ligne, n'a pas
« été repiqué ; quelques pieds, trop drus, ont été
« replantés ; leur végétation a été retardée jusqu'à
« 1 mètre 50 centimètres, puis ils ont atteint les
« autres qui avaient 3 mètres de haut. La graine
« n'a pas mûri. »

Nous ne saurions trop encourager les travaux qui tendent à découvrir dans les plantes les ressources infinies déposées dans leur sein par le Créateur. Si les études qui visent à ce but étaient poussées avec activité, nous ne serions pas obligés d'être tributaires de l'étranger pour beaucoup de substances utiles qui sont devenues indispensables à nos besoins. Cet affranchissement de l'étranger pourra, diront certaines personnes, porter tort au commerce. Que les gens timorés, arrêtés par cette crainte, se rassurent. Si la France était assez riche de son propre fonds pour se délivrer des tributs énormes qu'elle paie à l'étranger, l'exportation, véritable richesse du pays, prendrait un développement dont on se ferait difficilement une idée. Puisse ce jour désiré luire bientôt sur notre belle patrie ! Elle arriverait ainsi à un point de prospérité tel qu'aucune contrée ne pourrait lui disputer la suprématie. Qu'on se persuade bien que le grand talent d'un gouvernement est de faire produire à son pays le plus possible. L'exportation est, à notre avis, le but vers lequel doivent tendre tous les effors des économistes, surtout lorsque cette exportation porte sur des produits du sol qu'on peut manufacturer dans les pays : on obtient alors double avantage.

CHAPITRE III.

Etudes sur la croissance de la canne à sucre de la Chine.

Dieu a créé la nature pour l'homme.
et il a créé l'homme pour sa gloire,
afin qu'il élève la nature jusqu'à Dieu.
Ch. Sainte-Foi.

La canne à sucre de la Chine commence par se séparer de la cupule de la graine (1) ; elle lance une petite racine qui maintient cette cupule au centre d'une cavité en entonnoir, qui se trouve au-dessous

(1) Nous appellons cupule de la graine l'enveloppe violacée qui recouvre la graine elle-même. Nous pensons que cette appellation, quoique non-usitée, rend mieux notre pensée que le mot glumelle, attendu que la graine est enfermée dans cette partie, comme le gland dans sa cupule.

de la tige principale. Si plusieurs graines ont été mises dans le même trou et qu'elles aient toutes levé, vous retrouvez, dans l'entonnoir en question, même après la récolte (1), chacune des cupules séparées. La teinte de cette première racine est violacée ; elle contraste généralement avec la couleur des racines environnantes qui est jaunâtre.

Cette plante monte rarement sur une seule tige. Peu de temps après la sortie de la tige principale, il se forme des drageons qui commencent à pousser. Cette canne s'élève d'abord directement (2) ; elle pousse en rudiments chacun des entre-nœuds qu'elle doit développer plus tard, et chacun d'eux porte une feuille qui acquiert des dimensions plus ou moins grandes selon le sol dans lequel elles se sont développées.

(1) Nous avons montré à plusieurs de nos collègues de la Société d'Horticulture de Marseille, nombre de racines que nous avions arrachées après la récolte, et qui toutes présentaient ce phénomène remarquable qui vient à l'appui de notre opinion sur l'inutilité d'employer, pour les semis, des graines avec leur cupule.

Les graines que nous avions semées sans cupule, ont présenté dans le centre de la racine, une cavité en forme d'entonnoir dont la grande ouverture allait toujours en s'agrandissant vers l'extrémité des racines ; mais il n'y avait pas trace de la graine dans le centre de l'entonnoir.

(2) Nous avons semé l'an passé, sur terre, des graines qui au lieu de s'élever se sont étendues sur le sol, jusqu'au moment où elles ont commencé à taller.

La croissance de la feuille se termine au moment où la plante commence à taller ; alors les entrenœuds s'allongent avec une rapidité remarquable.

Nous croyons être utile à nos lecteurs en leur donnant un tableau exact de la croissance des cannes à sucre que nous avons recueillies chez nous. Nous en avons pris sept au hasard, et nous avons suivi leur croissance jusqu'au moment de leur parfaite maturité :

Le n° 1 n'a point de traces d'épi ; il a six feuilles non développées ; sa hauteur au-dessus du sol est de 1 mètre 45 cent. A dix heures du matin (heure à laquelle nous les avons tous régulièrement mesurés), son épaisseur, au premier nœud, est de 2 cent. de diamètre.

Dans le n° 2, on voit la forme de l'épi se dessinant à travers les feuilles, six nœuds sont à nu. La hauteur au-dessus du sol est d'un mètre 92 cent. L'épaisseur, au premier nœud, est de 2 cent. de diamètre.

Le n° 3 n'est pas entièrement défourlé ; il fleurit dans la partie supérieure de l'épi. La hauteur au-dessus du sol est de 2 mètres 44 cent. L'épaisseur, au premier nœud, est de 16 millimètres de diamètre.

L'épi du n° 4 commence à défourler. La hauteur

au-dessus du sol est de 2 mètres 26 cent. L'épaisseur est de 17 millimètres de diamètre.

Le n° 5 possède un épi fleuri jusqu'aux trois quarts de sa hauteur. Cette plante est exhaussée, au-dessus du sol, de 2 mètres 64 millimètres. L'épaisseur est de 16 millimètres de diamètre.

La floraison de l'épi est complète dans le n° 6. La partie supérieure commence même à rougir ses premières graines. Hauteur au-dessus du sol, 3 mètres 5 millimètres. Epaisseur, 2 centimètres 5 millimètres.

Le n° 7 a les fleurs de la partie inférieure de l'épi qui se dessèchent. La hauteur au-dessus du sol est de 3 mètres 7 centimètres. L'épaisseur est de 2 centimètres 5 millimètres.

Maintenant que nous savons sur quels sujets nous avons affaire, nous allons donner un tableau de leur croissance journalière en hauteur, en ayant soin, toutefois, d'indiquer les jours où il nous a été impossible de les mesurer, vu l'état de l'atmosphère.

Second jour.

N. 1.	Croissance	4 cent.
N. 2.	id.	4 cent. 5 millim.
N. 3.	id.	6 cent. 2 millim.
N. 4.	id.	8 cent. 5 millim.
N. 5.	id.	5 cent. 7 millim.
N. 6.	id.	0
N. 7.	id.	1 cent. 8 millim.

Il est impossible de les mesurer le jour suivant à cause de la pluie.

Quatrième jour.

N. 1. Croissance 14 cent. 1 millim.
N. 2. id. 7 cent. 6 millim.
N. 3. id. 13 cent.
N. 4. id. 17 cent.
N. 5. id. 7 cent. 7 millim.
N. 6. id. 2 cent. 3 millim.
N. 7. id. 20 cent.

Cinquième jour.

N. 1. Croissance 5 cent 1 millim.
N. 2. id. 3 cent. 8 millim.
N. 3. id. 4 cent.
N. 4. id. 11 cent.
N. 5. id. 1 cent. 3 millim.
N. 6. id. 7 cent. 8 millim.
N. 7. id. 3 cent. 1 millim.

Sixième jour.

N. 1. Croissance 5 cent. 7 millim. (L'épi n'a pas défourlé.)
N. 2. id. 3 cent. 8 millim. (Commence à défourler.)
N. 3. id. 3 cent. 1 millim. (Fleuri jusqu'au trois quarts de sa hauteur.)
N. 4. id. 8 cent. 7 millim. (Complètement fleuri.)
N. 5. id. 1 cent. 2 millim. (La fleur est tombée dans les 3/4 supérieurs de l'épi.)
N. 6. id. 3 cent. 6 m. (La cupule passe à la couleur jaune dans toute la hauteur de l'épi.)
N. 7. id. 0. (Cupule violacée dans la partie supérieure de l'épi.)

Toute la journée précédente a été pluvieuse.

Septième jour.

N. 1. Croissance 5 cent. 1 millim.
N. 2. id. 7 cent. 5 millim.
N. 3. id. 1 cent. 5 millim.
N. 4. id. 6 cent. 1 millim.
N. 5. id. 0.
N. 6. id. 0.
N. 7. id. 0.

Huitième jour.

Le temps est au nord-ouest.

N. 1. Croissance 2 cent. 3 millim.
N. 2. id. 4 cent. 2 millim.
N. 3. id. 0. (Fin de la floraison.)
N. 4. id. 2 cent.
N. 5. id. 5 millim. (A fini de fleurir.)
N. 6. id. 0. (Les graines du haut de l'épi sont sorties de leur cupule.)
N. 7. id 0. (Les graines sont sorties de leurs cupules dans les 3/4 supérieurs de l'épi.)

Neuvième jour.

Le vent du nord-ouest a pris une très-grande intensité.

N. 1. Croissance 5 cent. 7 millim (Le vent brise la canne vers son tiers supérieur. Nous avons le soin de la soutenir.)
N. 2. id. 4 cent. 7 millim. (Commence à fleurir.)
N. 3. id. 0. (A fini de fleurir.)
N. 4. id. 1 cent. 9 millim.
N. 5. id. 0.
N. 6. id. 0. (L'épi a pris une teinte acajou dans la partie supérieure de la cupule qui est violacée dans le bas.)
N. 7. id. 0.

Ils n'ont pas été mesurés le jour suivant ; mais le lendemain nous les avons mesurés, non seulement en hauteur, mais encore en épaisseur.

Onzième jour.

HAUTEUR.

N. 1. 4 cent. (N'a pas défourlé.)
N. 2. 10 cent. (Commence à fleurir à l'extrémité de l'épi.)
N. 3. 1 cent. 2 millim. (Grainé dans les 3/4 de sa haut. ; quelques fleurs à l'extrémité inférieure de l'épi.)
N. 4. 4 cent. 1 millim. (Défleuri dans la partie supérieure de l'épi ; pleine floraison dans les 3/4 inférieurs.)
N. 5. 0. (Complètement défleuri ; les graines du haut de l'épi prennent de l'accroissement.)
N. 6. 0. (La graine sort de la cupule dans la partie supérieure de l'épi.)
N. 7. 0. (Il n'y a plus que les deux derniers rangs du bas de l'épi dont les graines ne soient pas sorties de leurs cupules.)

ÉPAISSEUR,

Grand diamètre.	*Petit diamètre.*
N. 1. 2 cent. 1 mill.	1 cent. 8 mill.
N. 2. 2 cent.	1 cent. 6 mill. 1/2.
N. 3. 1 cent. 6 mill.	1 cent. 5 mill,
N. 4. 1 cent. 7 mill.	1 cent. 6 mill.
N. 5. 2 cent.	1 cent. 9 mill.
N. 6. 2 cent. 2 mill.	1 cent. 9 mill.
N. 7. 2 cent. 4 mill.	2 cent. 3 mill.

Nous restons deux jours sans les mesurer.

Quinzième jour.

CROISSANCE EN HAUTEUR.

N. 1. 8 cent. (L'épi commence à défourler.)
N. 2. 16 cent. 5 millim. (La sommité de l'épi commence à fleurir.)
N. 3. 0. (A complètement fini de fleurir. La graine prend une teinte rougeâtre dans la partie supérieure de l'épi.)
N. 4. 4 cent. 5 millim. (Fleuri aux 3/4 inférieurs de l'épi.)
N. 5. 0. (Les graines de la partie inférieure de l'épi rougissent.)
N. 6. 0. (Les graines de la partie supérieure de l'épi commencent à jaunir dans la partie qui sort de la cupule ; les graines inférieures rougissent dans le bas de la cupule.)
N. 7. 0. (Une partie de la cupule est violacée dans la partie supérieure de l'épi ; couleur terre de Sienne brûlée dans la partie moyenne, et jaune dans le bas de l'épi.)

Les plantes n'ont pas été mesurées les deux jours suivants. Le tableau ci-dessous est le dernier.

Dix-huitième jour.

CROISSANCE EN HAUTEUR.

N. 1. 12. cent. (Le vent l'a complètement brisé.)
N. 2. 11 cent. (Est complètement en fleur.)
N. 3. 0. (Commence à rougir dans le bout de l'épi et complètement défleuri dans le bas.)

N. 4. 2 cent. 5 millim. (La partie supérieure de l'épi est complètement défleurie. Complètement en fleurs dans le bas de l'épi.)

N. 5. 0. (Quelques grains de la partie inférieure de l'épi jaunissent.)

N. 6. 0. (Les graines de la partie supérieure de l'épi sont sortise de leur cupule et prennent une teinte fauve.)

N. 7. 0. (Les grains de la partie moyenne de l'épi sortent de leur cupule.)

En relisant les tableaux ci-dessus, on aura sans doute observé que la floraison de l'épi se partage en trois parties bien distinctes, à plusieurs jours de distance l'une de l'autre. Il en est de même de la maturation de la graine. Il est donc indispensable de ne cueillir l'épi qu'au moment où la partie inférieure est d'une teinte violacée, et encore est-il utile de l'enlever avec le fût qui s'arrête au premier nœud, et qui a un mètre de long le plus ordinairement.

Nous allons donner ci-dessous un tableau contenant la mesure, en hauteur et en épaisseur, de chacune des cannes prises au hasard, et mesurées sur leur hauteur ainsi que dans leurs deux diamètres. Nous pensons que ce travail présentera quelque intérêt. Il porte sur six cannes :

Longueur totale de la première canne privée du fût : 2 mètres 70 cent.

HAUTEUR (1).				ÉPAISSEUR.	
				Grand diamètre,	Petit diamètre.
1	Entre-nœuds	15	centimètres.	2 cent. 6 mill.	2 cent. 5 mill.
2	Id.	23	id.	2 cent. 5 mill.	2 cent. 2 mill.
3	Id.	27	id.	2 cent. 3 mill.	2 cent.
4	Id.	28	id.	2 cent. 1 mill.	2 cent.
5	Id.	29	id.	2 cent.	1 cent. 9 mill.
6	Id.	30	id.	1 cent. 8 mill.	1 cent. 3 mill.
7	Id.	31	id.	1 cent. 5 mill.	1 cent. 4 mill.
8	Id.	31	id.	1 cent. 3 mill.	1 cent. 2 mill.
9	Id.	29	id.	1 cent. 3 mill.	1 cent. 2 mill.

Longueur totale de la seconde canne, 2 mètres 80 cent.

HAUTEUR.				ÉPAISSEUR.	
				Grand diamètre.	Petit diamètre.
1	Entre-nœuds	20	centimètres.	2 cent. 7 mill.	2 cent. 4 mill.
2	Id.	23	id.	2 cent. 5 mill.	2 cent. 3 mill.
3	Id.	27	id.	2 cent. 4 mill.	2 cent. 2 mill.
4	Id.	27	id.	2 cent. 4 mill.	2 cent. 2 mill.
5	Id.	27	id.	2 cent. 1 mill.	2 cent.
6	Id.	27	id.	1 cent. 9 mill.	2 cent.
7	Id.	28	id.	1 cent. 9 mill.	1 cent. 7 mill.
8	Id.	30	id.	1 cent. 7 mill.	1 cent. 6 mill.
9	Id.	30	id.	1 cent. 7 mill.	1 cent. 5 mill.
10	Id.	30	id.	1 cent. 4 mill.	1 cent. 3 mill.

(1) Nous avons commencé à mesurer par l'entre-nœuds le plus rapproché du sol.

Longueur totale de la troisième canne, 2 mètres 70 cent.

HAUTEUR.				ÉPAISSEUR. Grand diamètre.	ÉPAISSEUR. Petit diamètre.
1	Entre-nœuds	19	centimètres.	2 cent. 7 mill.	2 cent. 5 mill.
2	Id.	24	id.	2 cent. 5 mill.	2 cent. 3 mill.
3	Id.	24	id.	2 cent. 3 mill.	2 cent. 2 mill.
4	Id.	27	id.	2 cent. 2 mill.	2 cent. 1 mill.
5	Id.	30	id.	2 cent. 2 mill.	2 cent. 1 mill.
6	Id.	32	id.	2 cent.	2 cent.
7	Id.	34	id.	1 cent. 9 mill.	1 cent. 5 mill.
8	Id.	27	id.	1 cent. 5 mill.	1 cent. 5 mill.
9	Id.	30	id.	1 cent. 3 mill.	1 cent. 3 mill.

Longueur totale de la quatrième canne, 2 mètres 70 cent.

HAUTEUR.				ÉPAISSEUR. Grand diamètre.	ÉPAISSEUR. Petit diamètre.
1	Entre-nœuds	20	centimètres.	2 cent.	1 cent. 8 mill.
2	Id.	34	id.	2 cent 1 mill.	1 cent. 9 mill.
3	Id.	34	id.	1 cent. 7 mill.	1 cent. 6 mill.
4	Id.	32	id.	1 cent. 5 mill.	1 cent. 4 mill.
5	Id.	35	id.	1 cent. 5 mill.	1 cent. 4 mill.
6	Id.	36	id.	1 cent. 4 mill.	1 cent. 3 mill.
7	Id.	35	id.	1 cent. 3 mill.	1 cent. 3 mill.
8	Id.	31	id.	1 cent. 1 mill.	1 cent.

Longueur totale de la cinquième canne, 3 mètres 2 cent.

HAUTEUR.				ÉPAISSEUR. Grand diamètre.	ÉPAISSEUR. Petit diamètre.
1	Entre-nœuds	20	centimètr.	2 cent. 8 mill.	2 cent. 5 mill.
2	Id.	23	id.	2 cent. 5 mill.	2 cent. 4 mill.
3	Id.	26	id.	2 cent. 4 mill.	2 cent. 4 mill.
4	Id.	27	id.	2 cent. 2 mill.	2 cent. 1 mill.
5	Id.	30	id.	2 cent. 1 mill.	2 cent.
6	Id.	34	id.	2 cent. 1 mill.	2 cent.
7	Id.	34	id.	1 cent. 9 mill.	1 cent. 8 mill.
8	Id.	33	id.	1 cent. 7 mill.	1 cent. 6 mill.
9	Id.	29	id.	1 cent. 6 mill.	1 cent. 5 mill.
10	Id.	30	id.	1 cent. 4 mill.	1 cent. 3 mill.

Longueur totale de la sixième canne, 2 mètres 50 cent.

HAUTEUR.				ÉPAISSEUR. Grand diamètre.	ÉPAISSEUR. Petit Diamètre.
1	Entre-nœuds	15	centimètr.	2 cent. 7 mill.	2 cent. 6 mill.
2	Id.	16	id.	2 cent. 5 mill.	2 cent. 4 mill.
3	Id.	26	id.	3 cent 3 mill.	3 cent. 2 mill.
4	Id.	30	id.	2 cent. 3 mill.	2 cent.
5	Id.	29	id.	2 cent. 1 mill.	2 cent.
6	Id.	27	id.	1 cent. 9 mill.	1 cent. 8 mill.
7	Id.	29	id.	1 cent. 8 mill.	1 cent. 5 mill.
8	Id.	30	id.	1 cent. 6 mill.	1 cent. 5 mill
9	Id.	29	id.	1 cent. 4 mill.	1 cent. 4 mill.
10	Id.	27	id.	1 cent. 8 mill.	1 cent 7 mill.

Nous avons pensé qu'il était utile de peser quelques plantes entières, privées de leurs graines, de leur fût et de leurs racines, mais cependant, avec leurs feuilles. Cette expérience a porté sur cinq plantes : la première avait une seule tige et pesait un kilog ; la seconde avait trois tiges et pesait 2 kilog. 900 grammes ; la troisième avait quatre tiges et pesait 3 kilog. 200 grammes ; la quatrième avait cinq tiges et pesait 3 kilog. 400 grammes ; la cinquième, composée de six tiges, pesait quatre kilog. 600 grammes.

Nous avons vu des cannes seules, privées de leurs fûts, qui pesaient 574 grammes ; d'autres étaient d'un poids plus élevé.

Nous avons mesuré, sur place, quelques-unes de nos cannes à sucre de la Chine, à partir du sol jusqu'à la hauteur des épis. Les chiffres suivants sont le résultat de ce travail :

2	mètres	50	cent.
3	»	30	»
3	»	50	»
3	»	60	»
3	»	65	»
3	»	70	»
3	»	75	»
3	»	80	»
4	»	8	»

La hauteur que nous indiquons ici n'est pas toujours celle de cette plante. Si nous en croyons ce qui nous a été rapporté, on aurait obtenu, dans le département des Bouches-du-Rhône, des hauteurs de cinq mètres (1) ; celle de six mètres serait commune en Algérie. Nous ne serions pas étonné que le climat de notre belle colonie influât d'une manière toute particulière sur cette plante, et qu'on pût obtenir, en Algérie, des rendements auxquels nous ne pouvons prétendre en France.

Nos prévisions se sont réalisées. Les rendements de cette plante en Algérie sont tels qu'on les taxe d'exagération, ce qui n'est pas juste ; car nous devons à l'obligeance de notre honorable collègue, M. Hardy, le laborieux directeur de la pépinière centrale du Hamma, des tiges de canne à sucre de la Chine, provenant de ses cultures de 1857 (nous étions alors au mois de septembre) (2) ; elles avaient 4 mètres de hauteur, quoique privées du fût et des deux ou trois premiers nœuds. Les entre-nœuds avaient 29 centimètres de longueur dans la partie moyenne de la canne ; puis 33, même 34 centimètres.

Le diamètre était de 3 centimètres 5 millimètres

(1) Nous ne l'avons jamais vue dépasser 3 mètres 50 centimètres. Une seule fois nous en avons vu de 4 mètres. La hauteur la plus ordinaire est de 2 mètres 50 à 3 mètres. On se trompe souvent à vue-d'œil : il faut les mesurer.

(2) M. Hébert, agent général de la Société Impériale Zoologique d'Acclimatation, a eu la bonté de nous les apporter lui-même, et il les avait vues sur pied.

dans la partie inférieure de la canne, et 2 centimètres dans la partie supérieure. Le jus contenu dans ces cannes était très-abondant et parfaitement sucré. La cérosie y était en plus grande quantité que dans notre climat, ce qui s'explique par la différence de température (1).

La hauteur des épis, depuis leur sommité jusqu'à leur base, est de :

18	centimètres.
29	id.
32	id.
33	id.
34	id.
42	id.

Nous avons dépouillé les épis parfaitement desséchés. Ils ont donné en graines :

5	grammes (2)	71	grammes.
12	Id.	71	Id.
17	Id.	72	Id.
19	Id.	77	Id.
26	Id.	75	Id.
39	Id.	80	Id.
43	Id.	97	Id.
55	Id.		

(1) Le climat influe considérablement sur les végétaux. M. Marx Gurrul, savant distingué, qui habite Cutai (Géorgie d'Asie), nous affirme que des essais de canne à sucre de la Chine, faits par lui dans ce pays, avaient produit des tiges de la hauteur d'un premier étage et de l'épaisseur de la cuisse. Malheureusement, il n'a pu nous donner des renseignements sur les rendements. Si un jour il remplit la promesse qu'il nous a faite de nous tenir au courant de ses essais, nous en ferons part à nos lecteurs.

(2) Cet épi est celui qui provient d'une des plantes chaussées à l'époque où elles allaient lancer leurs secondes racines. On verra, par la différence qui existe entre lui et les suivants, combien l'absence de ces racines lui a été funeste.

Nous allons donner la mesure exacte des racines d'une plante comptant six tiges, cultivée dans un endroit humide, et qui avait été buttée :

Diamètre de l'entonnoir, formé par la racine, et dont dont nous avons parlé ci-dessus, 4 centimètres dans sa partie la plus étroite.

Longueur de la radicelle supportant la cupule de la graine, dans la partie moyenne, 25 centimètres de longueur, depuis son insertion au collet de la racine.

Longueur des racines primitives, 34 centimètres.

Longueur des racines secondaires, 43 cent[res].

Nous avons obtenu une variété de la canne à sucre de la Chine à feuilles panachées de jaune paille foncé.

Ces panachures étaient longitudinales à partir de l'insertion de la feuille contre la tige ; les panachures s'y radiaient ensuite en prenant pour point de départ la nervure médiane. Malheureusement, cette magnifique plante, qui a été admirée par toutes les personnes qui l'ont vue, n'est pas parvenue à maturité ; les gelées l'ont surprise avant la parfaite maturation de sa graine. Jamais, depuis cette époque, nous n'avons revu une pareille anomalie; c'eût été une plante d'ornement des plus remarquables.

Il est à remarquer que la feuille de la canne à sucre de la Chine, est d'une flexibilité telle, qu'elle peut former un rond parfait sans se briser. Il pousse, aux entre-nœuds de la canne, de véritables boutures naturelles (1), se détachant, pour ainsi dire, de la mère-plante, et lançant, dans l'espace, des radicelles qui atteignent quelquefois plus d'un mètre de longueur. Nous avons détaché quelques-unes de ces boutures naturelles ; elles ont continué à pousser dans le sol, faisant ainsi de nouvelles plantes, que le froid a fini par tuer. Nous étions dans le mois d'octobre, quand nous avons fait ces expériences, et les pousses ont continué jusqu'aux premières gelées. Il serait à désirer que cette expérience

(1) Nous avons observé que ces boutures viennent sur les plantes cultivées dans des endroits humides ou après de grandes pluies. Dans les endroits secs, les rejetons, au lieu de faire des racines, poussent de seconds épis. Nous avons vu chez un cultivateur de nos environs des cannes à sucre de la Chine qui, après avoir mûri leur premier épi, celui-ci étant déjà enlevé depuis longtemps, et à la suite des fortes pluies d'automne, ont donné des pousses partant de chacun des entre-nœuds et se trouvant dans les conditions énoncées ci-dessus pour les terrains humides. Du reste, ces boutures ne se développent qu'après la floraison de la tige ; nous n'avons vu que deux ou trois exceptions à cette règle. Tout fait donc présumer que, si l'on désirait provoquer sur les cannes le développement de ces boutures, on devrait les placer dans des conditions analogues à celles dans lesquelles on les rencontre.

fût faite en Algérie (1) et dans les pays où la température ne descend pas au dessous de 2 degrés sur zéro.

Un roseau de canne à sucre de la Chine, parvenu environ à la moitié de sa hauteur, a été brisé, par un accident, au milieu du nœud à un mètre environ au-dessus du sol. Il ne tenait plus à la mère-plante que par un lambeau de peau de trois millimètres de largeur. Quel n'a pas été notre étonnement de voir pousser de la partie supérieure de ce nœud, qui avait été brisé, des racines en tire-bouchon, venant contourner complètement le bout de la canne qui était encore adhérent au sol, s'implanter ensuite, dans la moëlle même de la canne. Ces racines étaient au nombre de six, formant sur elles-mêmes un véritable tire-bouchon. Le bout supérieur de la canne s'est relevé ; il a fourni des fleurs et un épi aussi beau que ses voisins qui n'avaient eu aucun accident ; seulement la canne était moins élevée.

Trois fois nous avons vu des cannes brisées par le vent se conduire de la même façon.

Nous laissons à nos lecteurs le soin d'apprécier tout le parti qu'on peut tirer d'une plante qui est aussi vivace. Nous ne pensons pas qu'on puisse dire

(1) Nous ne pensons pas que ces expériences aient été tentées, elles auraient cependant de l'intérêt.

d'elle qu'elle est annuelle, d'autant plus que nous avons eu un éclat de canne à sucre de la Chine, qui fesait partie du pied présenté à la Société d'Horticulture de Marseille, à son Exposition du 10 mars 1855 (1), qui nous a donné, au mois de mai, une pousse verdoyante. Malheureusement elle a été tuée, de même que la racine, par une gelée tardive du 15 mai. Nous pensons donc que cette plante n'est pas annuelle, comme on a bien voulu le dire, mais vivace dans les pays où il ne gèle pas, comme dans certaines parties de l'Algérie, par exemple.

Ce que nous avancions comme un doute, lors de la première édition de cet ouvrage, est maintenant un fait acquis à la science. En Algérie, on peut conserver les plantes pendant plusieurs années; mais il paraît qu'on n'y trouve aucun profit. En aurions-nous davantage en France? Nous le croyons, quoique nous ne puissions encore l'affirmer. Ce qui est positif, c'est que, un de nos honorables amis, M. De Pléville, sur notre invitation, a conservé en plein air et sans soins plusieurs racines de cette

(1) L'exhibition des produits que nous avons retirés de la canne à sucre de la Chine, dite sorgho à sucre, nous a valu d'obtenir une médaille de vermeil, grand module, à cette Exposition. Nos produits ont été admis à l'Exposition universelle de Paris.

plante, pendant l'hiver de 1857. Au printemps, ces racines ont repoussé et les cannes qu'il nous a remises (1), étaient aussi bonnes que celles qui avaient été cueillies l'année précédente.

Voilà ce que nous savons. Du reste, comme la végétation de nos climats n'est pas aussi active qu'en Algérie, il est possible que nous parvenions à obtenir des résultats différents.

Nous avons bouturé la canne à sucre de la Chine plusieurs fois ; elle a poussé dans tous les cas où l'on avait séparé de la plante un nœud commençant à former un bourrelet. Elle a réussi, de même, dans tous les cas où nous avons mis en terre des morceaux de canne ayant un nœud dans la partie inférieure. Elles n'ont jamais réussi lorsqu'on n'avait pas eu la précaution de couper la canne rez du nœud.

Quelques personnes ont cru que nous préconisions le bouturage de cette plante à l'exclusion de son semis : ce qui est bien loin de notre pensée. Le bouturage, dans les endroits humides, serait utile pour obtenir des fourrages abondants et presque sans peine, vu que les boutures viennent plus vite que les semis ; mais il faut pour cela une terre arrosée, condition qui ne se présente pas partout.

(1) Ces cannes ont été mises sous les yeux de la Société d'Horticulture de Marseille.

CHAPITRE IV.

Etudes sur la maturité de la canne à sucre de la Chine.

Le meilleur moyen de cacher son ignorance, c'est de ne parler que des choses qu'on a étudiées avec soin.

La canne à sucre de la Chine reste envion cinq mois pour acquérir tout son développement ; nous disons environ, car selon la nature du sol, les arrosements auxquels la plante a été soumise, les différentes variations de température, on obtient une récolte plus ou moins précoce. Nous avons étudié cette graminée pour savoir à quelle époque de la végétation les tiges commençaient à devenir sucrées, quelle était la partie de la plante qui contenait le plus de sucre dans le principe. Ces divers travaux ont été faits afin de savoir à quelle époque la canne devait être coupée, et s'il était utile de la priver des panicules au moment où ils se montrent, afin d'augmenter la quantité de sucre des tiges. Nous consignons ici le résultat de nos expériences, désirant qu'elles soient répétées (1) dans différents climats, afin de savoir si l'influence de température serait pour quelque chose dans la production plus abondante du sucre dans telle ou telle autre partie de la plante.

Lorsque le panicule commence à fleurir, la flèche qui le supporte contient une quantité de sucre égale à celle qu'on retrouvera plus tard dans les parties inférieures de la plante. A mesure que la maturation se fait, le panicule prend les couleurs jaune, rouge brun dans la partie inférieure de la cupule, jaune verdâtre à son extrémité, terre de Sienne brûlée plus tard, violet plus ou moins foncé jusqu'au noirâtre quand il est parvenu au terme de sa maturité.

La flèche perd de ses principes sucrés à mesure que la maturation de la graine approche ; mais si la flèche devient insipide, il n'en est pas de même de la canne : d'aigre qu'elle était dans le principe, elle devient de plus en plus douce, à mesure que

(1) Nous regrettons que notre appel n'ait pas été entendu.

le fût perd de sa saveur, et arrive ainsi, lors de la maturité complète de la graine, à son plus haut degré de perfectionnement. Le fût est alors complètement insipide. Les deux premiers nœuds qui suivent sont proportionnellement beaucoup moins sucrés que le reste de la plante, surtout si celle-ci est bien mûre, chose indispensable pour un bon rendement.

Nous ne saurions trop insister sur ce point fondamental d'un rendement abondant et de bonne qualité. Beaucoup de personnes qui sont venues nous consulter et qui n'ont pas voulu suivre nos avis à ce sujet, ou, ce qui arrive le plus fréquemment, ont été trompées par l'apparence que revêt la graine bien avant sa parfaite maturité, ont perdu non-seulement leurs graines, mais encore tous les autres produits, attendu que dans ce cas on ne peut tirer parti de la canne qu'au point de vue de l'alcool, et encore celui-ci est-il de qualité inférieure. Que le cultivateur se rappelle donc qu'il est indispensable que la partie inférieure du panicule soit parfaitement mûre pour qu'on puisse obtenir de cette plante de bons produits. Nous avons vu perdre au point de vue industriel des hectares de terrain de plantes d'une belle venue pour avoir oublié cette vérité.

Ce qui se passe dans la canne à sucre de la Chine

s'observe dans la maturation des raisins ; ceux-ci, en effet, commencent par donner du verjus ; à mesure que la maturité approche, ils deviennent de plus en plus sucrés, et si vous savez les cueillir à l'époque voulue, et que la température leur vienne en aide, vous obtenez des vins d'une qualité d'autant meilleure que les sucs du raisin sont plus élaborés, c'est-à-dire parvenus à une maturité plus parfaite.

Des observations ci-dessus, il résulte : qu'en enlevant le panicule de la graine à l'époque où il commence à se montrer, on obtiendrait l'effet contraire de celui qu'on désire. Nous nous en sommes assuré depuis la publication de la première édition. Dans le cas où l'on prive la canne de son panicule principal, chacun des entre-nœuds fournit, de l'aisselle des feuilles, et en très-peu de temps, des panicules secondaires, et le jus de la canne rétrograde au lieu d'avancer vers la maturité.

Nous avons eu quelques cannes dont le fût a été brisé à diverses époques de son développement, et nous avons remarqué que, selon la couleur de la cupule de la graine, c'est-à-dire, selon l'époque plus ou moins éloignée de sa maturité, les entre-nœuds avoisinant la partie supérieure de la plante, étaient plus ou moins sucrés. Ainsi, les couleurs les plus éloignées de la maturité coïncidaient avec une plus grande quantité de sucre dans l'entre-nœuds le plus avoisinant du panicule. Plus nous approchions du terme de la maturité, plus la matière sucrée tendait à descendre vers la racine de la plante. Le dernier entre-nœuds n'était complètement sucré qu'au moment où la graine parvenait à son état parfait de maturité.

Les cannes dont le fût a été brisé ont oscillé pendant quelques jours ; elles ont ensuite poussé de chacun des entre-nœuds des rejets avec une vigueur remarquable : il semblait qu'ils ne devaient pas arriver à temps pour leur parfaite maturité. Nous avons observé que le côté de la canne opposé à celui d'où partaient les rejets, tout en perdant de sa partie sucrée, selon l'époque à laquelle le fût en avait été détaché, restait toujours, comparativement, plus agréable au goût que le côté opposé. A mesure que le rejet fleurissait, qu'il prenait successivement les différentes couleurs que nous avons indiquées précédemment, il se manifestait alors sur la plante-mère un retour vers le principe sucré et, lors de la maturité des graines, la canne avait repris son état naturel, sauf dans le cas où les épis s'étaient montrés successivement ; dans cette circonstance la canne-mère ne revenait jamais à son état primitif : elle était très-sucrée, comparativement à la plante que nous allons indiquer comme une variété ; mais elle contenait toujours une proportion de ligneux et de fécule de beaucoup supérieure aux cannes cultivées dans d'autres conditions.

Il arrive quelquefois, dans des terrains trop arrosés, que les parties inférieures de la canne à sucre de la Chine contiennent, à la place des matières sucrées, une quantité de fécule considérable. Nous avons remarqué ce phénomène sur certains pieds qui avaient lancé, de chacun des entre-nœuds, des panicules doubles, donnant ainsi à la plante la forme d'un palmier. Ces plantes seraient-elles, par hasard, une variété de la canne à sucre de la Chine? Nous n'osons décider la question ; mais si nous considérons, d'une part, le port particulier de cette plante, la moins grande quantité de sucre qui existe dans ses tiges et qui est remplacée par une masse énorme de fécule (1), la dimension de ces cannes, qui mesurent 4 centimètres sur 0,035, nous n'hésiterons pas à la classer comme une variété de la

(1) Nous avons exprimé à part le jus d'une des cannes à sucre en question ; la quantité de fécule était telle qu'elle se desséchait sur les bords de la presse, et qu'en laissant reposer, pendant quelques instants, il se déposait au fond du vase dans lequel nous avions mis le jus, une quantité de fécule égale en volume au quart environ du jus exprimé.

canne à sucre de la Chine (1). La plante dont nous nous entretenons est une de celles qui ont été produites par les graines laissées sur le sol, et qui se sont semées toutes seules. Nous n'en avons pas eu de parfaitement identiques ; mais nous avons observé quelques phénomènes se rattachant à la quantité de fécule (2) contenue dans la plante, dans des cannes qui avaient été, pour ainsi dire, noyées ; ce qui nous prouve que nous nous sommes trompé lorsque, dans la *Revue Horticole des Bouches-du-Rhône* (3), nous avons engagé les propriétaires à essayer la canne à sucre de la Chine dans les terres qui produisent naturellement des joncs. Une trop grande humidité ne convient pas à cette plante, au point de vue du sucre ; il n'en est pas de même pour la production de l'alcool.

Nous devons parler d'une variété qui consiste à donner un panicule dont la flèche, longue de 11 centimètres seulement, forme, avec le dernier

(1) Cette plante ne s'est pas reproduite.

(2) M. Payen, dans la troisième édition de son *Précis de chimie industrielle*, donne, en parlant de la structure intime et de la composition de la canne à sucre, des explications très-intéressantes sur la présence de l'amidon dans le jus des cannes à sucre. Nous recommandons de consulter cet article.

(3) *Revue Horticole des Bouches-du-Rhône*, journal des travaux de la Société d'Horticulture de Marseille, tome 1, page 135 et suivantes.

nœud, un angle en spirale. Cette flèche ne se confond pas avec le nœud dans le même plan ; elle s'en écarte en formant une surface légèrement convexe.

Les graines sont de la même couleur que les autres ; seulement, elles ne sont pas développées hors de la cupule. La tige qui supportait cet épi, avait environ 2 mètres de haut ; son diamètre, dans la partie la plus épaisse de la canne, était de 1 cent. 3 millim. ; le jus exprimé de la canne était complètement rouge, d'un goût très-désagréable et laissant déposer une grande quantité de fécule. Nous avons l'intention de semer (1) quelques-unes de ces graines, afin de nous assurer si c'est véritablement une variété. Dans ce cas, il serait utile de l'éloigner de nos cultures.

Les nœuds sont toujours dépourvus de sucre, quelle que soit l'époque à laquelle on les prend sur la plante, leur saveur, aigre-amère dans le principe, devient presque insipide lorsque la plante est mûre.

C'est en vain que l'on voudrait faire, en même temps, la récolte complète d'un champ de cannes

(1) Le semis n'a pas réussi, ce qui nous fait présumer que la plante en question était inféconde, puisque les plants n'ont pas levé, ce qui est très-rare, car les graines lèvent même avant d'être parvenues à maturité complète.

à sucre de la Chine. Il existe toujours dans la plante une canne qui parvient à sa maturité plusieurs semaines avant le reste de la plante ; la récolte doit se faire successivement. Il faut avoir le soin de ne cueillir les cannes qu'au fur et à mesure de leur maturité. Elles se conservent longtemps sur la plante, même privées de leurs panicules. Lorsqu'elles sont coupées, nous ne pensons pas qu'on doive les laisser plus de deux jours sans les broyer. Nous avons surtout observé, en 1855, qu'elles fermentaient en très-peu de temps ; ce qui était dû, sans doute, à l'humidité incessante de l'atmosphère (1). Nous avons arraché, avec toutes leurs racines, plusieurs plantes, de suite après la première gelée ; elles ont été conservées ainsi dans un local sec, et au milieu du mois de mars, elles sont encore dans un état tel, qu'on pourrait en extraire de l'alcool (2).

(1) Nous avons eu pendant tout le mois de novembre des pluies continuelles ; on était obligé de cueillir les cannes toutes mouillées, ce qui forçait à les mettre en œuvre immédiatement, autrement elles se gâtaient. Il n'en est pas de même quand les temps sont au sec ; dans ce cas, on peut conserver les cannes pendant plusieurs jours. Si l'on veut les conserver longtemps, il faut les priver des feuilles et de leurs pétioles.

(2) Il est à remarquer que toutes les tiges qui ont eu leurs flèches brisées, ou qui ont été entamées d'une façon quelconque, ne se trouvent plus dans les mêmes conditions : mais nous en faisons des teintures. Pareil inconvénient arrive pour la canne à sucre :

En mûrissant, la canne à sucre de la Chine prend une teinte jaune citron, panachée de rouge ; quelques-unes conservent encore une teinte vert pomme, diaprée aussi de rouge. Ces couleurs indiquent ordinairement le terme de la maturité. Si le rouge passe au carmin, la canne est trop mûre.

La canne à sucre de la Chine est sujette à diverses maladies. Les unes l'attaquent dans la racine, les autres dans la moëlle. Les racines, surtout les supérieures, celles que nous avons appelées secondaires, prennent quelquefois une teinte violet foncé ; si vous coupez les racines ainsi dégénérées, elles présentent, à l'intérieur, une couleur rouge pourpre qui se continue jusqu'aux radicelles. Les plantes qui portent ces racines languissent, prennent une teinte chlorotique et finissent par périr ou produisent des panicules insignifiants ; elles ne contiennent presque plus de sucre. Si l'on exprime le jus de ces cannes à part et qu'on le laisse repo-

ce sont les ferments qui se développent sous l'influence de l'air. Toutes les cannes que nous avons coupées au pied se trouvaient dans le même cas. Il est donc prouvé que, pour conserver la canne à sucre de la Chine, il faudrait, de suite après sa cueillette, obturer le point de section. Il nous semble préférable d'arracher les plantes. On pourrait peut-être aussi les conserver dans des silos. Ce dernier mode de conservation a bien réussi. On a fait aussi des cossettes qu'on a eu soin de dessécher au four. Ce procédé a réussi.

ser, on trouve au fond du vase une très-forte proportion de fécule colorée en rouge, et qui passe au violacé au contact de l'air.

Il se développe quelquefois sur la plante, bien avant sa maturité, des points rouges; si l'on fend en deux cette partie de la canne, on la trouve passant du rouge au violacé, n'ayant plus de suc, mais une espèce de vinaigre d'une saveur fort désagréable (1).

Nous avons trouvé aussi quelques larves d'insectes dans l'intérieur de la canne; malheureusement, elles sont perdues. Nous possédons une tige qui avait reçu une grenaille au milieu des entre-nœuds. Cette blessure, qui ne paraissait à l'œil nu qu'un simple point, avait déterminé la couleur violacée dans tout l'entre-nœuds qui avait acquis les défauts déjà indiqués; mais, ce qu'il y a de plus remarquable, c'est que les nœuds supérieurs ne participaient en aucune façon à cette altération qui était toute locale. Cette même coloration s'observait sur toutes les cannes atteintes par les grêlons.

L'année passée (1857), une partie de nos plantations a été attaquée de l'*oïdium*. Ce fait est intéressant à noter. La canne à sucre de la Chine se

(1) Ce qui est dû aux ferments qui se sont développés dans le jus sous l'influence de l'air.

trouverait-elle un jour dans les mêmes conditions que la vigne ?

Un ouragan épouvantable a jeté par terre tout notre champ de cannes à sucre de la Chine, à l'époque où elles n'avaient pas encore jeté leurs flèches. Au bout de quelques jours, elles ont essayé de se soulever. Les cannes qui étaient moins avancées y sont parvenues en grande partie ; il n'en a pas été de même des autres, qui étaient enfouies sous le poids de leurs supérieures ; mais la nature y a suppléé en tordant le bout des tiges de telle façon qu'au bout d'une quinzaine de jours, il sortait, de tous côtés, des tiges de canne à sucre qui ont fleuri comme d'ordinaire. Une d'elles qui était complètement enfouie et qui n'avait pu se faire jour au dehors, avait lancé, de chacun de ses nœuds, des flèches qui ont formé de larges panicules, lesquels ont donné une riche moisson de graines. Les cannes n'ont nullement souffert de cette fausse position ; il n'y a que celles qui se sont touvées complètement sur le sol qui étaient impropres à l'extraction du sucre ; elles s'étaient presque complètement converties en matière féculente.

Ce fait nous paraît présenter assez d'intérêt au point de vue de la culture de la canne à sucre de la Chine dans les terres marécageuses. Plusieurs personnes nous ont promis de faire cet essai et aucune d'elles ne nous a donné des renseignements ; ce qui est très-regrettable.

Nous devons faire observer que nous avions eu le soin de butter les cannes à sucre de la Chine qui ont été ainsi jetées sur le sol par la tourmente ; il est à remarquer que les plantes qui s'étaient semées toutes seules et dont nous nous sommes entretenu dans un chapitre précédent, n'ont pas été abattues par le vent, ce qui vient corroborer l'opinion que nous avons émise sur l'inutilité du buttage. Il nous paraît prouvé qu'en laissant cette plante se conduire elle-même, sans lui venir en aide, la culture serait plus aisée et la récolte aussi sûre. Trop de soins donnés à certains produits du sol sont plutôt nuisibles qu'utiles. On ne saurait trop se rappeler cette grande vérité.

CHAPITRE V.

Etudes sur la structure et la composition intime de la canne à sucre de la Chine.

> La nature est invariable dans les espèces qu'elle a déterminées, quoi qu'en aient pensé quelques écrivains modernes. L'homme a donc encore aujourd'hui le droit de dire aux anciens qu'ils se sont trompés.
>
> ZIMMERMANN.
>
> *(Traité de l'Expérience.)*

Prenons un mérithalle de la canne à sucre de la Chine privée de la partie engaînante de la feuille, qu'on désigne sous le nom de pétioles, et étudions-le de l'extérieur à l'intérieur.

Immédiatement au-dessous du pétiole nous trouvons une couche de cérosie, qui recouvre complètement l'épiderme de la canne ; cette couche, qui est peu apparente dans la partie de l'entre-nœuds, en-dessus du pétiole, est assez forte, au contraire, dans les parties de la canne soustraites au contact de l'air ; quelques-unes en présentent même sur leurs feuilles. Cette substance est appelée cérosie à cause de sa ressemblance avec la cire ; elle est adhérente à l'épiderme.

Nous avons observé que la cérosie était en raison de la vigueur des plantes : très-abondante dans les cannes bien nourries et presque nulle dans celles qui ont souffert.

La cérosie enlevée, nous arrivons à l'épiderme ; celui-ci est mince, très-résistant, diapré le plus ordinairement des couleurs jaune paille, vert pomme, rose passant au violet quand la canne est trop mûre. Si l'on soumet une parcelle d'épiderme au grossissement de 500 diamètres, cette parcelle offre à la vue une écorce identique à celle de l'ormeau, vu à l'œil nu, surtout si on a le soin de placer la partie en contact avec la cérosie, faisant face à l'oculaire. Si l'on retourne le lambeau d'épiderme en sens inverse, on observe alors des saillies anguleuses qui correspondent avec les joints des cellules et des filaments dans la direction de haut en bas, c'est-à-dire d'un entre-nœuds à l'autre. Quelque soin qu'on prenne pour séparer l'épiderme de la canne, on y voit toujours quelques lambeaux de cellule.

L'épiderme a été ensuite soumis à l'action de l'acide sulfurique pur (1) ; il a pris , dans ce liquide, une couleur jaune foncé et l'apparence d'une écorce d'arbre très-rugueuse , parsemée de taches et de raies noires, Par l'addition d'une goutte d'alcool anhydre, il s'est formé immédiatement un mouvement d'oscillation dans le liquide ; le fragment d'épiderme a été emporté par le courant qui s'était formé de gauche à droite. Au bout de quelques minutes, la couleur jaune avait complètement disparu , et le fragment d'épiderme conservait, cependant, l'aspect primitif. Soumis ensuite à l'action de la teinture d'iode, l'épiderme a conservé sa transparence ; seulement , les parties plus foncées ont pris une couleur d'un bleu très-léger, entourant des lamelles et des cellules complètement blanches. A un grossissement de 100 diamètres, on peut observer les objets que nous avons étudiés ; mais , dans ce cas , le fragment d'épiderme ressemble à une écorce de platane.

Il est très-difficile à ce grossissement, de se rendre compte des divers détails dans lesquels nous sommes entrés ; mais avec une grande habitude du microscope , on peut y parvenir.

(1) Toutes les études de chimie organique ayant pour but de parvenir à la découverte de la structure intime de la canne à sucre de la Chine, ont été faites sous le microscope.

Si le lambeau d'épiderme appartient à une canne développée depuis longtemps, ou qu'on fasse l'expérience sur les nœuds les plus rapprochés du sol, on observe que la cérosie adhère toujours à l'épiderme, malgré qu'on l'ait raclé pour l'en priver ; l'addition de l'acide sulfurique peut déterminer la couleur jaune ; mais l'esprit de vin anhydre ajouté ensuite, ne produit pas un mouvement subit d'oscillation aussi fort que celui qui a eu lieu dans la première expérience. La décoloration des tissus n'a pas lieu ; ils conservent toujours la couleur jaune, et la disparition des fibres est la même, sauf qu'on y distingue des tubes plus développés. La teinture d'iode, ajoutée dans la dissolution, ne donne aucune coloration ; seulement, la couleur foncée de l'épiderme devient plus claire ; on distingue quelques lambeaux de cellules.

L'épiderme a été enlevé. Nous arrivons au derme (1) ; soumis à un grossissement de 500 diamètres, il présente un assemblage de tubes, tous rangés les uns à côté des autres et disposés selon la hauteur de la plante. Soumis à l'action de l'acide sulfurique pur, la couleur foncée passe bientôt au

(1) Cette parcelle du derme a été prise au dernier entre-nœuds d'une canne de forte dimension et qui était restée sur la plante après sa maturité.

rouge brun ; des cellules nombreuses de forme arrondie se montrent au-dessus des tubes. L'addition de l'alcool anhydre détermine un très-léger mouvement oscillatoire ; la teinture jaune-rouge-brun s'éclaircit et devient jaune ; mais on voit parfaitement les tubes longitudinaux, sur lesquels on aperçoit, de distance en distance, des cellules arrondies ; ces cellules sont inégales et de trois dimensions : grandes, moyennes et petites ; on voit nager dans le liquide des cristaux complètement blancs.

L'addition de la teinture d'iode produit, à la longue, dans certaines parties des tubes, une couleur très-légèrement violacée ; mais les cellules sont devenues d'un violet foncé. Quant aux cristaux dont nous avons parlé ci-dessus, ils conservent toute leur blancheur.

Poursuivons nos études. L'épiderme et le derme (1) ont été enlevés ; nous trouvons alors, à

(1) M. Alphandéry jeune pense que : *Le principe sucré du sorgho se trouve principalement au-dessous de la première écorce vernie de la canne (épiderme), c'est-à-dire, dans la seconde écorce filamenteuse (derme), elle y est même en plus grande quantité que dans la moëlle* (1). Comme cet honorable agriculteur ne donne aucune preuve à l'appui de son assertion, il nous permettra, jusqu'à preuve contraire, de conserver nos croyances qui sont appuyées sur des faits peut-être mal observés, mais que nous admettons jusqu'à preuve contradictoire.

(1) *Sorgho sucré*. Résumé de deux rapports adressés à M. le Président de la Société d'Agriculture du département des Bouches-du-Rhône, les 27 novembre et 16 décembre 1855, par M. Alphandéry jeune, de Saint-Remy. (Carpentras, imprimerie de L. Devillario ; brochure in-8°. 1857.)

l'entre-nœuds, de longs fils d'une couleur jaune, partant d'un nœud à l'autre et que l'on peut parfaitement détacher à la main; ils sont liés entre eux par une espèce de moëlle. Un lambeau de ces fils a été soumis au microscope (1), et malgré tous nos soins, il a été impossible de le priver complètement de son entourage; l'aspect qu'il présente est celui d'une magnifique colonnade de stalactites du plus beau blanc. L'acide sulfurique colore cette partie de la plante en jaune sur les bords et rouge brun dans le reste de son étendue; un séjour d'un quart d'heure environ dans ce liquide produit la désagrégation de petits grains presque blancs, bordés d'une couleur plus rougeâtre.

L'addition de l'alcool anhydre produit la décoloration complète de la partie formée par la désagrégation des petites graines ci-dessus mentionnées; on les distingue parfaitement isolées les unes des autres, et conservant, par leur disposition, la forme d'une écorce d'arbre ou mieux encore d'une dentelle d'un blanc éblouissant. Quant à la partie qui n'a pas été désagrégée, elle conserve sa forme et sa couleur primitives.

L'addition d'une forte proportion de teinture d'iode n'a pas changé la couleur des graines dont

(1) A un grossissement de 100 diamètres.

nous nous sommes entretenu ; seulement, le liquide dans lequel elles se trouvent, est fortement coloré en jaune, le pourtour semble avoir pris une teinte légèrement bleuâtre ; quant aux cellules et à la partie de la parcelle non désagrégée, elle a pris une couleur d'un bleu violacé. On voit encore la couleur jaune dans les parties de cellule qui ne sont pas bleuies.

Si nous enlevons avec grande précaution, au moyen d'un morceau de papier soie (1), les liquides dans lesquels nous faisons baigner le lambeau de canne à sucre soumis à notre expérience, et si nous le remplaçons par de l'eau, laissant ensuite plonger ce morceau de canne pendant quelques minutes, on remarque que les tissus deviennent plus transparents ; mais la couleur violacée existe toujours dans les parties les plus épaisses, surtout dans les cellules. Celles-ci ont un trou dans le centre.

Si nous privons d'eau (2) la parcelle de canne à sucre de la Chine soumise à nos expériences, et que nous remplacions cette eau par l'alcool anhydre, nous observons une décoloration des tissus et la

(1) On comprend aisément qu'il est impossible de parvenir à complet enlèvement de toute matière étrangère.

(2) Nous ne pouvons affirmer, malgré toutes les précautions dont nous avons entouré cette expérience, qu'il ne reste un peu d'eau.

désagrégation de la partie qui avait la forme de dentelle ; celle-ci se détache du brin principal, laisse échapper une grande quantité de cristaux complètement décolorés, et finit par prendre l'aspect d'un fil de chanvre qui serait placé au foyer du microscope et observé sous le grossissement qui nous sert de point de départ. On retrouve, flottant dans le liquide, quelques cellules violettes qui ont conservé leur forme arrondie. Quant au morceau qui n'a pu se dissoudre, il conserve l'aspect indiqué dans les expériences précédentes.

Un autre lambeau de fil, pris dans la même position et soumis à un grossissement de 500 diamètres, nous a paru organisé ; il représente un fragment de chanvre ; seulement, celui-ci est blanc dans la plus grande partie de son étendue. Soumis à l'action de l'acide sulfurique pur pendant une heure environ, on observe la désagrégation des cellules ; les filaments prennent l'aspect de fils de chanvre vus à l'œil nu, et placés à côté les uns des autres, on observe des cellules désagrégées ; les filaments ont une couleur noire.

Aucun changement par l'addition de l'alcool anhydre.

La teinture d'iode ajoutée au mélange fait apparaître de légères tâches violacées ou bleuâtres.

On observe que la teinte générale a diminué d'intensité. Tout le liquide est parsemé de cristaux blancs.

La parcelle que nous allons étudier a été prise au centre de la canne. Nous avons eu soin de l'isoler complètement des fils que nous venons de disséquer ; elle présente à l'œil nu l'aspect de la moëlle du sureau ; seulement, en la pressant, elle laisse échapper un suc très-doux.

Sous le microscope, à un grossissement de 100 diamètres, la parcelle qui fait le sujet de notre étude, ressemble à un grain de sucre vu à l'œil nu et dont l'aspect est d'une blancheur éclatante ; la cristallisation est semblable à celle du plus beau sucre. On remarque sur les bords un liquide blanc qui en découle ; seulement, on distingue quelques légères cellules : ce sont, sans doute, celles qui ont laissé écouler le liquide que nous venons d'observer.

Quelques minutes de séjour dans l'acide sulfurique pur, change l'aspect de la parcelle que nous étudions ; les bords sont jaunes ; le centre représente une grappe de raisin dont les grains sont parfaitement distincts et d'une couleur rouge violacé ; quelques grains séparés de la grappe ont l'aspect identique à ceux que nous avons observés dans les expériences précédentes, sauf leur couleur rouge-violacé ; ils sont percés d'un trou dans le milieu. Quelques cristaux se voient dans le liquide.

L'alcool anhydre, ajouté dans le segment de sphère, produit un léger mouvement d'oscillation de droite à gauche ; la couleur rouge violacé se conserve ; les bords seuls ont pris une teinte bien moins jaune et qui tend à disparaître. Quant aux cristaux disséminés dans le liquide, ils sont toujours incolores.

L'addition de la teinture d'iode donne, après un séjour de quelques minutes, une couleur moins foncée : on dirait qu'au lieu de colorer la substance, l'iode l'a, au contraire, éclaircie. Cependant, en regardant avec la plus grande attention, on distingue des veinules d'une dimension infinitésimale qui paraissent colorées en violet.

Le morceau de canne à sucre de la Chine qui a été soumis aux expériences que nous venons de relater, a été enlevé du liquide, puis, placé dans un segment de sphère, avec de l'alcool anhydre que nous avons additionné d'eau. Une partie de ce fragment s'est dissous ; on voit au-dessus du liquide une grande quantité de cristaux blancs. Quant à la masse elle-même, elle se trouve au fond du liquide et laisse apercevoir un mélange de cellules vides, de cristaux et de granules, le tout paraît blanc par réfraction et teinté de violacé par réflexion.

Un fragment imperceptible à l'œil nu, soumis à un grossissement de 500 diamètres, est complètement identique à des cristaux de sucre dans leur état parfait; ils sont entourés d'un liquide incolore. Ce fragment a des stries très-légères et noirâtres.

L'acide sulfurique pur a complètement changé l'aspect du fragment que nous étudions; il a pris une couleur noirâtre dans le pourtour des cristaux qui sont devenus plus foncés.

L'alcool anhydre, ajouté au mélange, semble disséquer les cristaux.

Une addition de teinture d'iode diminue la coloration. Par réfraction, les cristaux sont complètement blancs.

Nous avons pris au centre d'un nœud une parcelle de la substance qu'il contenait, en tâchant d'éloigner, autant que possible de ce fragment, les filaments qui, dans cette plante, partent du sol et s'élèvent jusqu'au sommet; seulement, il est à observer que, dans les nœuds, ce filament se coude. Il est pour ainsi dire, comprimé, et dans les expériences que nous avons faites sur ces fils, ils se sont toujours brisés dans cette partie.

La parcelle sus mentionnée a été placée sous le microscope; à un grossissement de 100 diamètres, elle ressemblait à un morceau de moëlle de certaine plante vue à l'œil nu. Mise dans l'acide sulfurique concentré, la parcelle s'est complètement brisée et a pris une couleur noire bordée de rougeâtre. Les cellules sont apparentes, quelques-unes sont désagrégées. L'alcool anhydre n'a produit aucun effet; seulement, il a détaché quelques lambeaux de cellules et de rares cristaux blancs; le tout flotte dans le liquide.

Nous avons ensuite pris le lambeau du nœud qui avait servi aux expériences ci-dessus; nous l'avons placé dans l'eau; mais son aspect n'a pas changé; c'est du ligneux corrodé par l'acide sulfurique.

Un lambeau de nœud que nous avons tenté d'isoler autant que possible des filaments, à été soumis à un grossissement de 500 diamètres. Mis en contact avec l'acide sulfurique, il s'est désagrégé; de nombreuses cellules ont apparu et le tout s'est coloré en noir mélangé de jaune foncé; l'addition de l'alcool anhydre nous a fait apparaître du ligneux dans l'état où il se trouve quand il a été en contact avec l'acide sulfurique.

Des expériences auxquelles nous nous sommes livré, il résulte :

Que la canne à sucre de la Chine est composée, de l'extérieur à l'intérieur, d'une couche de cérosie, et d'un épiderme inerte ; le derme contient des gommes, des filaments, de la fécule et quelques parcelles de sucre.

La partie intérieure de la canne est composée, en très-grande partie, de sucre et de filaments ; c'est dans la partie la plus centrale que se trouvent les produits saccharifères.

Si l'on prive la canne de son épiderme (1) et de son derme, on la placera dans les meilleures conditions possibles pour fournir du sucre de bonne qualité et d'une extraction facile : telle est, du moins, notre opinion, qui est fondée sur les études pratiques que nous avons faites de cette précieuse graminée.

Nous pensons que notre travail servira de point de départ pour des études faites par des hommes plus aptes que nous ; études qui, sans doute, donneront des résultats plus satisfaisants. Nous serons heureux si notre faible travail peut servir de pierre angulaire à l'édifice. Nous regrettons beaucoup que depuis la publication de notre premier travail, personne n'ait contrôlé nos études chimico-microscopiques.

La canne à sucre de la Chine est destinée à prouver

(1) M. Alphandéry jeune partage notre opinion au sujet de l'épiderme ; mais non au sujet du derme. *Loco citato*, page 12.

aux hommes toute la sollicitude du Créateur pour sa créature : c'est à eux qu'il appartient de mettre à profit les richesses que Dieu met à leur disposition.

Nous pensons que le gouvernement encouragera quelque jour des études sous ce nouveau point de vue ; et ces études, nous le croyons, conduiront à la solution de problèmes insolubles jusqu'ici, ou qui ont reçu des explications basées sur des théories contredites par la nature. En encourageant l'étude des plantes utiles à l'homme, le gouvernement acquerra de nouveaux droits à la reconnaissance des générations futures ; car ces études seront plus utiles à l'humanité en général que l'introduction en France d'un métal nouveau (1), pour lequel on a dépensé des sommes considérables, sans être parvenu jusqu'à ce jour à des résultats utiles pour les masses. L'agriculture est la véritable base sur laquelle doit s'appuyer un gouvernement. Cette opinion est partagée par l'Empereur Napoléon III, qui a dit dans son discours à l'ouverture de l'Assemblée législative de février 1857 :

« *Les progrès de l'agriculture doivent être un des objets de notre constante sollicitude, car de son amélioration ou de son déclin datent la prospérité ou la décadence des empires.* »

(1) L'aluminium.

CHAPITRE VI.

Extraction du jus des cannes à sucre de la Chine.

Rien de nouveau sous le soleil, et nul ne peut dire : Voilà une chose nouvelle, car elle a été déjà dans les siècles qui se sont passés avant nous.
ECCLÉSIASTE.

Nous avons examiné, dans les chapitres précédents, les phases de la vie végétative de la canne à sucre de la Chine. Elle est maintenant parvenue au terme de son existence, et appartient à l'industrie, qui doit en tirer tout le parti possible.

Dès que la plante a été privée des feuilles et de leurs pétioles, qui peuvent servir, soit pour obtenir des teintures, soit pour la nourriture des bestiaux, on doit séparer la canne du fût qui supporte les panicules des graines et faire sécher ceux-ci pour les dépiquer plus tard. Quelques-uns pensent qu'il vaut mieux cueillir les panicules avant les cannes, ces dernières se conservant sur la plante, quoique privées de leurs fûts. Nous avons reconnu qu'on devrait aussi priver la canne des deux premiers entre-nœuds, qui ne contiennent pas de sucre, et qui rendent plus de service en les donnant aux bestiaux.

De quelle manière faut-il briser cette canne pour l'obliger à nous donner son précieux suc ? Les uns prétendent qu'il faut la mettre immédiatement entre des cylindres pour obtenir, par leur pression, tout le suc qu'on peut en extraire ; d'autres pensent qu'on doit la couper au hâche-paille, ou coupe-sorgho, soumettre les tronçons à la pression d'une meule semblable à celle usitée dans les moulins à huile, retirer ce magma, en remplir des escortins qui sont soumis ensuite à l'action d'une forte presse. Nous pensons qu'il y aurait plus d'avantages à séparer chaque entre-nœuds, à le dépouiller ensuite, par un moyen mécanique, des pailles qui serviraient, plus tard, à divers usages, et soumettre la moëlle, privée de tous ces principes étrangers, à l'action de la meule et de la presse.

Nous allons passer en revue ces divers modes d'extraction.

Dans le premier système, la pression simple des cylindres, il y a évidemment une perte de jus moins grande; si l'on admettait ce mode d'extraction, les cylindres en fonte que M. le comte de David Beauregard admet dans son exploitation, nous paraîtraient avoir des inconvénients. Indépendamment de la première dépense qui est fort élevée, une question plus grave se présente. Nous avons observé que le jus mis en contact avec une presse en fer, corrodait cette dernière. Cet effet est dû à la présence d'un acide particulier que nous avons dénommé acide sorghotique.

D'autre part, les cylindres lamineurs exigent l'emploi d'une grande force motrice. D'après les expériences (1) de M. le comte de David Beauregard, on obtient un hectolitre de veson par heure et par force de cheval. Les cylindres en pierre se trouveraient dans les mêmes conditions; seulement, ils ne seraient pas corrodés par les sucs acides; mais cet inconvénient n'est pas grave, d'après les expériences que nous avons faites à ce sujet.

Quant au second mode proposé, celui de couper les cannes au moyen d'un hâche-paille ou d'un

(1) Rapport de M. le comte de David BEAUREGARD au Comice agricole de Toulon sur l'alcoolisation du jus de sorgho à sucre. In-8°. Toulon, 1857.

coupe-sorgho, et de soumettre les tronçons à la pression d'une meule, puis à l'action d'une forte presse, ce magma renfermé dans des escortins, nous pensons qu'il est très-utile et qu'on peut le mettre immédiatement en pratique (1) chez tout propriétaire possesseur d'un moulin à huile : c'est un avantage que ne présente pas le mode d'opérer ci-dessus désigné.

Nous avons employé et fait employer, par plusieurs personnes, le *modus faciendi* que nous venons de décrire, et chacun de nous a été satisfait des résultats obtenus.

En 1856, Mme *** vint nous consulter pour savoir le parti qu'elle pourrait tirer d'une plantation de cannes à sucre de la Chine qu'elle venait de faire à sa propriété située à La Ciotat. Comme cette dame était à côté d'un moulin à huile, nous l'avons engagée à se servir de la meule et des presses de

(1) On doit faire une distinction entre les procédés qui peuvent être exploités par de grands industriels, et ceux qui donnent des produits faciles à obtenir par les simples fermiers ; ceux-ci, dans l'état actuel, ne pourront jamais employer des cylindres qui nécessitent une grande dépense ; mais nous sommes assuré qu'on peut fabriquer une machine à cylindres, en pierre, à un prix modéré, et qu'on ferait fonctionner à bras d'homme, comme les presses mécaniques d'imprimerie. Nos habiles mécaniciens, nous n'en doutons pas, parviendront à ce but : mais ils doivent se rappeler que la seule condition de réussite est d'obtenir le résultat désiré au plus bas prix possible.

cette usine. Ce procédé lui a parfaitement réussi ; en venant plus tard nous remercier de notre conseil, cette dame nous a porté un échantillon de son alcool, qui nous a prouvé que cette personne avait su profiter des documents que nous lui avions donnés. L'on est heureux quand l'on voit des femmes donner un exemple que n'osent pas suivre des gens dont le devoir (1) est de propager les choses utiles.

Nous avons opéré nous-même, en 1854, d'une autre façon qui serait, nous le pensons, fort utile dans les petites exploitations : une pierre plate, d'une certaine épaisseur, cannelée de façon à faire une rigole principale, amenant le jus de tous les côtés, avait été placée sur une table en pente ; un cylindre en pierre, pesant environ 50 kilogrammes, était roulé par un homme et exprimait le jus des tronçons de cannes précédemment coupées avec un fort sécateur. Retirées de là en consistance de pâte, elles étaient soumises dans des escortins en crin à l'action d'une presse énergique :

(1) Croirait-on que nous avons vu dans une localité un adjoint à la mairie, dégoûter de faire des expériences sur la canne à sucre de la Chine, prétendant qu'elle ne contenait qu'une proportion infime d'alcool. Cette personne était propriétaire d'une distillerie de vin et possédait des cuves par des systèmes perfectionnés qui auraient rendu de grands services aux agriculteurs du pays, tandis que ceux-ci ont perdu toute leur récolte.

le jus était amené, par une rigole, dans un vase disposé pour le recevoir.

Il nous reste maintenant à donner notre procédé qui nous a paru avoir quelque avantage. Chaque canne est dépouillée de ses nœuds par le moyen du sécateur. On sépare ainsi la feuille et le nœud ; car cette première donne assez de peine à séparer par les autres procédés (1). Nous soumettons ensuite nos entre-nœuds à la pression contre un tube disposé de telle façon que les pailles soient coupées d'une grosseur déterminée. La moëlle, privée, d'une part, des nœuds qui contiennent toujours une certaine quantité d'acide sorghotique ; d'autre part, de la paille qui contient non-seulement cet acide, mais encore plusieurs autres substances, est soumise à l'action du rouleau ou de la meule, et l'on termine ainsi qu'il a été dit précédemment.

Le suc obtenu est plus clair que celui qui

(1) Ce sont surtout les pétioles engaînant chaque mérythalle qui sont difficiles à enlever.

M. le comte de David Beauregard pense qu'on peut même laisser les feuilles. Nous ne partageons pas sa manière de voir à cet égard, car le jus rendu par les pétioles engaînant les mérythalles et les feuilles, donnent à l'alcool un goût particulier qui est dû à une essence aromatique contenue dans les feuilles et qui possède une odeur *sui generis*. Nous croyons pouvoir assurer que cet honorable propriétaire est revenu de cette erreur.

a été soumis aux autres procédés ; il nous a donné du sucre qui, sans être déféqué, était cependant d'une couleur plus blanche que le sucre brut ordinaire.

Que les agriculteurs essayent ce mode de préparation ; ils verront alors si les avantages que l'on peut en retirer ne compenseraient pas la plus grande quantité de soins qu'on est obligé d'y apporter.

Depuis la publication de notre première édition, nous nous servons d'un procédé qui est, sans contredit, de la plus grande simplicité ; nous croyons utile de le faire connaître. La canne, dépouillée de ses feuilles et de ses mérithalles, est à volonté privée de ses nœuds (1) et de son écorce, procédé que nous préférons, ou seulement coupée en morceaux, qui sont soumis à l'action d'une forte presse de fer. Ce n'est pas le lieu de dire les avantages que nous avons retirés de ce procédé très-simple ; on trouvera les détails de nos expériences à ce sujet dans le chapitre intitulé : *Rendement de la canne à sucre de la Chine*.

La presse dont nous nous sommes servi est en

(1) Nous avons essayé de presser à part les nœuds que nous avions coupés ; nous n'avons pu en extraire une seule goutte de jus, ce qui prouve que nous avons raison en les faisant enlever.

fer, avec un cric pour que l'homme puisse faire plus de force. Les morceaux de canne sont mis dans un manchon, ce qui remplace l'escortin. Le plancher inférieur du manchon se relève au moyen d'un cric, afin qu'on puisse enlever le tourteau. Notre manchon est en cuivre, c'est un grand défaut; il faut le faire en bois cerclé de fer en dehors.

Quelques-uns coupent la canne en différents tronçons, la font bouillir dans l'eau, en expriment ensuite le jus à la presse, et s'en servent après pour divers usages. Ce mode de préparation doit être essayé encore. Nous n'avons pas été les seuls à en tirer de bons résultats. M. Alphandéry, propriétaire à Saint-Rémy, se loue beaucoup de ce mode d'extraction pour ses vins et ses eaux-de-vie de la canne à sucre de la Chine. M. de Lacoste l'a dernièrement donné comme lui appartenant et pouvant être d'une grande utilité pour les cultivateurs.

Nous pensons, cependant, que ce procédé est inférieur à celui que nous avons indiqué précédemment; qu'il donne beaucoup plus de peine, nécessite la dépense de combustibles, et que son rendement n'est pas en proportion du travail.

Il reste encore un *modus faciendi* que nous avions essayé il y quatre ans, et que nous savons avoir été employé par plusieurs personnes : c'est le procédé par décantation.

Les cannes sont coupées en tronçons de deux centimètres environ de longueur ; l'on verse ensuite de l'eau dans les vases qui contiennent ces fragments ; quand ils ont été en contact avec l'eau pendant quelque temps, on décante ce liquide, que l'on fait passer sur une nouvelle quantité de cannes ; on continue jusqu'à parfait épuisement des principes sucrés.

Nous passons sous silence le râpage qu'on a proposé à tort ; car il ne peut être d'aucune utilité pour la plante qui nous occupe.

Ici se termine ce que nous avons à dire sur la canne à sucre en elle-même. Dans les chapitres suivants, on verra qu'elle est l'utilité des produits que nous venons d'extraire.

CHAPITRE VII.

Traitement industriel du jus de la Canne à sucre de la Chine.

> Les idées les plus simples sont presque toujours celles qui s'offrent les dernières à l'esprit humain.
>
> LAPLACE.

SUCRE.

Quel que soit le procédé employé pour l'extraction du jus, il est diverses méthodes qui tendent toutes au but désiré, qui est l'obtention du sucre. Commençons, tout d'abord, par dire que ce produit est tellement abondant dans cette plante, et à un tel degré de pureté, que nous n'hésitons pas à penser que l'industrie trouvera le moyens nécessaires pour extraire le sucre blanc et cristallisable qui est contenu dans ses réseaux. Notre opinion a été partagée par plusieurs savants qui ont vu le sucre brut que nous avons extrait ; ils pensent qu'on doit obtenir du sucre blanc de ces jus traités à la vapeur.

Nous avons vu une canne à sucre de la Chine, dont le fût avait été abattu par un instrument bien tranchant, laisser suinter par la plaie, du sucre complètement blanc qui s'est cristallisé sur la canne même, et a formé une larme d'une blancheur remarquable. Nous avons gardé, pendant quelque temps, cet échantillon qui, malheureusement, a disparu.

Cette canne se trouvait comprise dans un paquet qui avait été enfermé dans un appartement immédiatement après avoir enlevé les panicules. Le suintement avait eu lieu par l'entre-nœuds coupé. Lors de notre première édition, nous disions que nous n'avions pu renouveler cette expérience, faute de temps, et nous promettions de la reprendre. Depuis cette époque, nous avons essayé plusieurs fois sans atteindre le but que nous nous proposions. Nous supposons qu'il y a un point de maturité de la canne nécessaire pour la production de ce phénomène, point qui nous a échappé jusqu'à ce jour.

Il est bien entendu que, pour parvenir à bonne fin, on doit couper l'entre-nœuds immédiatement au-dessous du nœud.

Nous avons extrait, en 1854, de 179 litres de jus obtenus par notre procédé précédemment décrit, 30 kilog. de sucre qui nous a servi aux usages domestiques. Il contenait encore la mélasse ; mais une grande partie de la masse était cristallisée ; nous sommes même parvenu à en obtenir des échantillons parfaitement desséchés, en soumettant seulement le sucre cristallisé à une forte pression, afin d'en extraire une grande proportion de liquide, et l'amener à l'état pulvérulent.

Le sucre ainsi obtenu est d'une couleur plus blanche que celui extrait directement de la canne à sucre des colonies. Il ressemble au sucre dit terré. Toutes les personnes qui ont vu ce sucre, ont été persuadées de la véracité de nos assertions. Nous avons été on ne peut plus étonné quand, en 1855, nous avons entendu dire par plusieurs membres distingués de l'Académie des Sciences, qu'ils ne pouvaient croire à la cristallisation du sucre obtenu de la canne à sucre la Chine. Il nous a été facile de les persuader *de visu*. Il nous semble que depuis 1855, nous avons démontré le fait, puisque à la fin de cette année nous avons présenté à la Société d'Horticulture de Marseille, du sucre parfaitement cristallisé, et qu'un échantillon de ce produit figurait à l'Exposition de la Société départementale d'Agriculture des Bouches-du-Rhône, en août 1856. Cependant, le 11 octobre 1857, le journal *Le Messager du Midi*, publiait un article intitulé le Sorgho, et signé : J. PÉREYRE, dans lequel on trouve les paroles suivantes : « Obtiendra-t-on du sucre cristal-« lisable avec les tiges du sorgho ? C'est possible. » N'est-ce pas le cas de dire avec le psaume de David : *oculos habent et non videbunt.*

Nous allons donner les procédés que nous avons mis en pratique pour obtenir nos produits, nous réservant de faire connaître plus tard ceux qui ont été employés par d'autres personnes.

Le jus extrait par notre procédé, a été soumis à la filtration à travers un tamis de crin, à mailles serrées, puis, passé de nouveau à un tamis de soie, semblable à ceux dont on se sert pour séparer la fleur de farine. Le jus a été mis ensuite sur le feu, dans une bassine en terre cuite, découverte (1).

(1) On peut se servir de bassines en fonte émaillée. Nous hésitons à proposer l'emploi du cuivre. Les chaudrons en fer battu dont nous nous sommes servi, avec intention, pour cuire le jus des cannes à sucre de la Chine, extrait par notre procédé, ont revêtu, à l'intérieur, l'aspect du moiré métallique ; ce qui prouve que l'acide contenu dans ce jus attaque l'étamage d'une façon toute particulière. Depuis cette époque, nous avons essayé le chaudron en cuivre sans inconvénient.

Dès que la chaleur a été assez forte pour faire bouillir le liquide, il s'est formé au-dessus une écume vert bouteille qu'on a soigneusement enlevée. Nous avons continué de faire bouillir le jus pendant cinq heures, laps de temps suffisant pour le convertir en une matière sirupeuse très-concentrée. On doit avoir soin d'enlever les écumes qui se forment successivement ; c'est pour n'avoir pas assez bien suivi ce procédé que nous avons eu des cuites plus ou moins colorées. Nous avons versé ensuite le sirop dans des vases en terre. La cristallisation a été complète deux mois après environ.

C'est une partie du sucre ainsi obtenu qui, égoutté et soumis ensuite à la presse, nous a fourni la cassonnade dont nous avons parlé précédemment.

Nous avons employé un autre procédé pour obtenir un échantillon que l'on pourrait appeler miel de canne à sucre de la Chine ; il a, en effet, la consistance de cette substance et la couleur du plus beau miel. Nous donnons, ci-joint, notre manière d'opérer, espérant être agréable à nos lecteurs.

Un litre de liquide pesant 1,055 grammes et mesurant neuf degrés au pèse-sirop, a été passé au tamis, comme nous l'avons indiqué ci-dessus. Dès que la chaleur s'est fait sentir à la bassine qui avait été placée sur le feu, le liquide a pris une couleur vert foncé ; et, plus tard, une écume vert de bouteille, tirant sur le gris, s'est formée et a été immédiatement enlevée. Nous l'avons laissé bouillir ainsi pendant une demi-heure, en ayant soin d'enlever continuellement l'écume. Le retirant ensuite du feu, nous l'avons filtré à la chausse de feutre ; au sortir du filtre, le liquide marquait 14 degrés au pèse-sirop. Sa couleur était jaune-verdâtre. Le liquide remis dans la bassine, et, cette dernière, placée sur le feu, une nouvelle écume s'est formée ; on a eu soin de l'enlever, tout en continuant de laisser cuire le jus jusqu'à la consistance sirupeuse très-concentrée. Nous l'avons versé ensuite dans une forme en fer blanc, alors qu'il commençait à donner une écume (1) d'un jaune blanc. Nous l'avous agité pour le refroidir. Peu à peu, à mesure que la température baissait, le liquide prenait la consistance de miel qui s'est durci de plus en plus. Douze heures après, ce produit était parvenu au point de consistance qu'il conserve encore aujourd'hui ; le litre de liquide a donné 88 grammes de

(1) Dès que l'écume en question était apparue, nous avions cessé de l'enlever, tout en laissant encore la bassine sur le feu pendant quelques instants.

matière. Il est à observer que ce miel jouit cette année, 1858, des mêmes caractères qu'il possédait en 1855 : voilà donc trois ans qu'il se conserve.

En 1854, nous avions obtenu du sucre qui fesait partie des produits qui ont été admis à l'Exposition universelle ; nous l'avions retiré de la canne par une autre méthode que nous signalons.

Les cannes décortiquées avaient été pilées, puis mises sur le feu avec une quantité d'eau suffisante pour s'élever de quelques centimètres au-dessus des cannes. Après les avoir fait bouillir pendant deux heures, nous les avions retirées du feu et passé le jus à travers un tamis de soie. Le jus ainsi obtenu avait été mélangé avec deux grammes de chaux par kilogramme de jus. Mis ensuite sur le feu jusqu'au point de l'écumer, nous l'avions saturée par l'abumine d'un œuf. Passé ensuite à la chausse, il avait été remis sur le feu, écumé de nouveau pendant quelques instants et concentré jusqu'à la consistance sirupeuse. Ce produit ne s'était pas cristallisé, la canne n'étant pas bien mûre.

Nous ne pouvons passer sous silence un nouveau procédé qui a été mis en pratique par M. le comte de David Beauregard, l'honorable président du Comice agricole de Toulon. Ce zélé propagateur de la canne à sucre de la Chine qui, depuis plusieurs années la cultive sur une grande échelle, a publié son procédé afin qu'il ne puisse être brevetable. Nous sommes heureux de pouvoir le faire connaître à nos lecteurs. Nous citons :

« Ce procédé consiste dans l'emploi du tan pul-
« vérisé, obtenu avec l'écorce du chêne vert. On
« le fait macérer pendant quelques jours, puis on
« l'emploie de la manière suivante :

« Le jus étant traité par la chaux, qui en neu-
« tralise les sucs acides, puis jeté sur un filtre
« de sable, est porté au chaudron, additionné
« d'un kilogr. de tan par hectolitre. Le feu est
« poussé vivement jusqu'à 80 ou 90 degrés. A cette
« température, il se forme un coagulum-muco-
« albumineux qui vient surnager sur le liquide,
« en couches épaisses de un à deux centimètres.

« Filtré à la chausse, le jus parfaitement lim-
« pide, est remis sur le feu, avec addition d'un
« charbon de bois poreux, porté à l'ébullition et
« concentré pendant une heure.

« Passé de nouveau à la chausse et devenu, par
« cette seconde opération complètement incolore,
« il est rapproché jusqu'à consistance sirupeuse
« et ensuite mis à cristalliser. »

Nous ne pouvons terminer cet article sans recommander à nos lecteurs l'excellent ouvrage de M. Léonard Wray, sur l'*Imphy* ou roseau sucré des Cafres-Zulu (1). On y trouvera les procédés que cet auteur a employés pour l'extraction du sucre de cette plante, procédés que nous avons essayés, mais qui ne nous ont pas toujours donné les résultats que nous en espérions.

ALCOOL.

L'alcool s'obtient en faisant fermenter le jus. Pour parvenir à ce but, divers moyens ont été proposés.

Plusieurs personnes pensent que le jus peut fermenter seul, sans aucune espèce d'addition; le fait est positif; mais il est urgent de soumettre le liquide à une température constante de 18 degrés. C'est pour avoir négligé cette température que plusieurs personnes n'ont pu obtenir la fermentation du jus. L'addition d'un quart pour cent de bagasse active considérablement cette fermentation, qui peut acquérir une très-grande intensité, si l'on porte le jus à une température au-dessus de 25

(1) L'*Imphy* ou roseau sucré des Cafres-Zulu (*Holcus saccharatus* de Linné), comprenant une description de ses nombreuses variétés, son mode de culture, la fabrication du sucre et des autres produits provenant du jus de la plante, par Léonard Wray. Traduit de l'anglais. Paris, 1854, in-8°.

degrés. Dans ce cas, quarante-huit heures suffisent pour arriver au but qu'on se propose. Quelques expérimentateurs pensent qu'on doit ajouter une certaine quantité de ferment. Le comte de David Beauregard (1) emploie les rafles de la vigne ou des bagasses de la canne elle-même ; d'autres ont ajouté de la levure de bière ; tel est, nous croyons, le procédé employé par M.. l'abbé Fissiaux, dans son établissement du Pénitencier. Tous sont parvenus à retirer, au minimum, 5 p. 0/0 d'alcool.

M. Raoul, ingénieur en chef du service maritime à Toulon-sur-Mer, a obtenu 7 p. 0/0 d'alcool absolu. Ce rendement est affirmé par une note que nous avons eue à notre disposition, et qui est signée de cet honorable savant.

D'après les renseignements donnés par M. Alphandéry, propriétaire à Saint-Rémy, cet honorable agriculteur, au lieu d'exprimer le jus de la canne, se contente de la couper en morceaux, d'y ajouter une certaine proportion d'eau et de la mettre ensuite sur le feu. Arrivée à un certain point de cuisson, on la met dans des tonneaux, et la fermentation s'établit toute seule ou à l'aide du ferment.

(1) Nous donnons à l'article : *Extraits de divers ouvrages ou remarques qu'ils nous ont suggérées*, partie d'un travail on ne peut plus intéressant, publié par cet honorable confrère, et tout ce qu'on a publié sur cette matière, tant en France qu'en Algérie.

La Société départementale d'Agriculture des Bouches-du-Rhône a vu les échantillons d'alcool que M. Alphandéry lui a transmis et qui avaient été obtenus par le mode d'extraction ci-dessus. Ce procédé, que nous avions employé en 1854, nous avait paru donner des résultats supérieurs, en quantité, à ceux obtenus par la fermentation seule du jus : ce qui est dû, sans doute, à ce que tous les principes fermentescibles, contenus dans la canne à sucre de la Chine sont en contact avec le liquide. De toutes les façons, si l'on veut obtenir des produits abondants, il est indispensable de soumettre les résidus à un courant de vapeur (1) qui enlèvera complètement tout l'alcool qu'ils recèlent encore en grande quantité, à moins qu'on ne soumette de nouveau à la pression les cannes, après les avoir imbibées d'eau, pour en extraire tous les principes sucrés. Le rendement de 5 p. 0/0 a été dépassé par M. l'abbé Fissiaux, qui a obtenu, sur deux mille kilogr. de jus, trois cent vingt litres d'alcool à 86 degrés.

M. Raoul (2), que nous avons déjà cité, a ob-

(1) Il est évident que l'alcool étant la partie la plus légère, si l'on soumet les bagasses à un courant de vapeur, celles-ci seront obligées de céder tout l'alcool qu'elles recèlent.

(2) Cet honorable praticien partage notre avis au sujet de la fermentation du jus, c'est-à-dire, qu'il n'y ajoute aucun ferment. M. le comte de David Beauregard partage maintenant cette opinion.

tenu, dans une distillation faite au moyen d'un alambic à colonne, en présence des employés des contributions indirectes, 12 litres 94 d'alcool à 100 degrés et de très-bonne qualité, sur 190 litres de jus fermenté.

Ces alcools peuvent soutenir la comparaison avec les meilleurs fournis par la distillation du vin.

VIN. — VIN-CUIT. — PIQUETTE ou CIDRE de la canne à sucre de la Chine. — BIÈRE. — RHUM.

En concassant les tiges de la canne à sucre de la Chine, préalablement coupées, les couvrant d'eau (1) à la température de 15 degrés environ, on obtient bientôt une fermentation qui donne, pour résultat, une boisson analogue au vin. Les précautions à prendre, le temps nécessaire à la fermentation sont complètement semblables aux soins

(1) La qualité de l'eau qu'on emploie influe d'une manière toute particulière sur les produits obtenus. L'eau de rivière est la meilleure. Il faut surtout se défier des eaux qui ne prennent pas le savon. Dans ce cas, on pourrait employer, pour la purifier, le procédé suivant, qui est fort simple : Dans un vase contenant un hectolitre d'eau, vous ajoutez une cuillerée à bouche d'alun en poudre; agitez ensuite avec un bâton pendant quelques minutes, et laissez reposer. Au bout de deux heures, votre eau sera limpide et vous trouverez, au fond du vase, un dépôt formé par les matières salines qui étaient en suspension dans l'eau. Vous décantez alors et obtenez ainsi une eau aussi belle que l'eau de roche.

que l'on donne aux produits de la vigne. On doit soutirer le liquide de la même façon que le vin ordinaire, achever de le laisser fermenter dans les tonneaux, le boucher après sa fermentation, et le coller ensuite. Cette boisson, très-agréable, est de bonne conservation. Si l'on a eu le soin de priver la canne des nœuds et de la peau, on obtient une boisson bien supérieure à celle qui résulte de la fermentation de la canne coupée en morceaux; cette dernière a un goût aromatique *sui generis*, qui rappelle le goût du kirschenwasser, tandis que la boisson produite par la fermentation des résidus que nous obtenons en fesant le sucre par notre procédé, est identique sinon supérieure aux cidres de première qualité.

M. Alphandéry (1) a fait fermenter une certaine quantité de canne à sucre de la Chine avec différentes proportions de jus de la vigne; il a obtenu ainsi des vins que nous avons goûtés à la Société d'Agriculture du département des Bouches-du-Rhône et qui ont été trouvés de bonne qualité (2). D'après

(1) Nous nous occuperons plus tard du travail que M. Alphandéry a publié.

(2) Ces vins, au point de vue de l'alcoolisation, sont préférables à beaucoup de vins usités. Mais le goût, à notre avis, n'est pas franc, ce sont deux bouquets bien différents, obligés de se trouver en contact. Le dégustateur qui boit les produits de la

les calculs de cet honorable collègue, il peut donner cette boisson à un prix bien inférieur à celui des vins ordinaires.

En concentrant le jus obtenu de la canne et lui faisant marquer 14 à 15 degrés au pèse-sirop, le laissant ensuite fermenter comme du vin cuit ordinaire, on obtient une boisson qui est comparable aux meilleurs vins cuits.

Il arrive à ce jus ce qui arrive au jus de la vigne si on le laisse trop cuire. Le vin reste trop longtemps à se dépouiller et il est de mauvaise qualité si la canne n'est pas bien mûre.

Nous avons obtenu, en faisant fermenter, avec une quantité d'eau suffisante, les bagasses dont nous avions extrait le sucre, un liquide de bonne qualité, et qui, pendant l'année 1855, s'est bien conservé; il avait été fait en novembre 1854.

En 1856, nous avons fait fermenter 41 kilog. de résidus avec 230 litres d'eau; nous y avons ajouté l'écume provenant de 59 litres de jus, destinés à

canne à sucre de la Chine, discernera parfaitement, d'une part, le bouquet inhérent au véritable vin, et celui qui est le propre de la canne à sucre de la Chine. Nous croyons que c'est entrer dans une fausse route que de proposer ce mélange adultère. Si l'on ne laisse pas bien mûrir la canne à sucre de la Chine, le vin est imbuvable : ce qui est arrivé chez une personne de notre connaissance. Le procédé n'est bon que pour les vins de chaudière.

la fabrication du sucre ; l'on a soutiré trois jours après, et nous avons obtenu ainsi 96 litres de liquide, d'une saveur un peu acidulée dans le principe ; mais, en la laissant reposer, cette boisson est devenue très-claire et très-agréable à boire ; elle nous sert à nos usages journaliers, et nous la préférons à beaucoup de vins ; elle est très-économique et peut soutenir la comparaison avec les meilleurs cidres.

Le 28 juillet 1856, nous avons coupé en morceaux vingt cannes qui avaient été cueillies en 1854 ; elles pesaient avec leurs feuilles, mais privées du fût, 2 kilog. 800 grammes. Elles étaient tarrodées par les vers à l'intérieur, et n'avaient pas cependant un goût désagréable ; nous devons ajouter que ces cannes avaient été cueillies parfaitement mûres. Ces tronçons ont été mis en contact avec 20 litres d'eau. La température de l'appartement dans lequel nous opérions, était de 25 degrés centigrades.

Le lendemain, à 6 heures du matin, l'eau dans laquelle nous avions fait tremper ces cannes, marquait 2 degrés au glucomètre ; elle était jaune, douce et répandait une odeur de mélasse. Le 30 juillet, ce liquide a commencé son ébullition. Le 2 août, nous avons soutiré le liquide qui avait un goût vineux et une odeur semblable à celle de la bière. Nous avons pris quatre litres de ce liquide et nous y avons ajouté 4 grammes cônes de houblon. La fermentation a continué, et le 18 août, nous avions une liqueur ressemblant à la bière par son goût et son odeur. Ce liquide s'est conservé et nous en avons encore un échantillon ; mais pour l'avoir avec toutes ses qualités, on doit le mettre à l'usage de suite. Ce liquide figurait à l'Exposition de la Société départementale des Bouches-du-Rhône, à la même époque.

M. le comte de David Beauregard, a obtenu un rhum qu'il a soumis à l'appréciation du Comice agricole de Toulon, et qu'il propose d'appeler *Rhum des îles d'Hyères.*

VINAIGRE.

Nous avons l'habitude de faire le vinaigre avec les nœuds provenant des cannes, et d'y ajouter celles qui sont plus ou moins avariées. Le procédé est excessivement simple : Broyer le tout sous la meule, le mettre en contact avec une quantité d'eau suffisante pour faire surnager le liquide de quelques centimètres, le laisser fermenter ensuite tout seul, jusqu'à ce qu'il ait acquis les qualités voulues pour faire du bon vinaigre ; tel est le mode de préparation nécessaire. Il est indispensable de soutirer une ou deux fois ce vinaigre, afin de le priver de toute substance étrangère ; on peut économiser ce travail en le collant la première fois. Ce vinaigre est d'un blanc jaunâtre et d'une acidité convenable.

Quelquefois, nous avons laissé fermenter les nœuds avant de les recouvrir d'eau : on obtient alors un vinaigre plus fortement coloré ; on pourrait aussi se servir du cidre ou piquette de sorgho qu'on additionnerait d'une légère quantité d'acide tartrique ; l'on peut aussi obtenir ce liquide en entassant dans une barrique les résidus dont on a extrait le jus pour la fabrication soit du sucre, soit de l'alcool. Dans ce cas, nous l'avons laissé jusqu'au point où ces résidus aient acquis une chaleur assez grande pour qu'elle fût sensible à la main immergée ; on ajoute alors de l'eau, et on laisse fermenter, comme il a été dit ci-dessus.

Le vinaigre obtenu par les nœuds seuls est moins bon que celui qu'on obtient des résidus. Nous pensons que les nœuds doivent se donner au bétail, question que nous traiterons dans le chapitre où nous nous occuperons de la canne à sucre de la Chine considérée au point de vue de la nourriture des animaux.

RÉSIDUS DE DISTILLATION.

En faisant évaporer à siccité les résidus provenant

de la distillation, nous avons obtenu en abondance diverses substances dont nous allons nous entretenir.

La première de ces substances, riche en acide sorghotique, comme l'indique assez sa saveur acerbe, présente, à l'extérieur, une efflorescence farineuse d'une couleur jaune pâle. Sa cassure offre une cristallisation analogue à celle du chlorydrate d'ammoniaque observée sur la surface de la substance; cette cristallisation rayonne en aiguilles du centre à la circonférence. Ce corps, traité par l'acide sulfurique et l'albumine, a présenté, au microscope, des caractères physiques qui décélaient encore la présence de légères traces de sucre.

Le second résidu, d'apparence noirâtre, ne présentait, dans sa cassure pâteuse, que des cristallisations rayonnantes isolées; l'une de ces surfaces extérieures portait une efflorescence pâteuse d'un jaune sombre. Son odeur âcre et irritante décélait la présence de l'acide sorghotique. Il contenait encore des traces de sucre.

Le troisième, avait l'apparence d'une cristallisation de soufre décantée; sa couleur marron, pointillée de cristaux blancs en aiguilles, était moins foncée que celle du soufre; son poids, comparé à celui des autres résidus, était beaucoup moindre.

Traité d'une certaine façon, nous avons obtenu de ce dernier produit des aiguilles cristallisées d'une couleur blanche, d'une légèreté remarquable, et qui, au premier aspect, ont paru à M. Favre, professeur de chimie à la Faculté des sciences de Marseille, ressembler à de la mannite. Cet honorable professeur n'a donné cette opinion que sous toutes réserves. L'analyse chimico-microscopique n'a décélé aucune trace de sucre.

Nos nombreuses occupations nous ont empêché jusqu'à ce jour d'étudier plus particulièrement ces divers produits.

CHAPITRE VIII.

Etudes sur la graine de la canne à sucre de la Chine.

Ce n'est point l'occasion de voir beaucoup qui fait l'expérience, parce que la simple intuition d'une chose n'apprend rien, et que l'observation adroite d'un fait n'est même pas encore ce que l'on entend par la vraie expérience. ZIMMERMAN.

Dans un des chapitres précédents, nous avons laissé le panicule de la canne à sucre de la Chine détaché de la mère-plante et destiné à être dépiqué plus tard. Reprenons aujourd'hui ce panicule et voyons de quelle manière nous pourrons en obtenir quelques produits.

Commençons par établir que le dépiquage de la canne à sucre de la Chine s'obtient par les mêmes procédés que ceux qui sont en usage pour le dépiquage des céréales. Nous pensons que le battage au rouleau et à la machine pourrait s'adapter à la récolte de cette graine.

Nous ne devons pas, cependant, passer sous silence un procédé qui, nous le pensons, sera utile surtout dans les localités où les soirées sont fort longues. Il consiste à passer le fût de la canne à sucre de la Chine à travers des trous faits dans une planche; en tirant vivement le fût en sens opposé, ce dernier reste à la main avec le panicule complètement dépouillé de ses graines, qu'on reçoit sur un linge ou sur le sol.

Ce procédé, qui a été employé par plusieurs personnes, paraît le plus convenable à cette plante. On pourrait faire une machine dans ce système.

Faisons observer en passant qu'il est indispensable de bien laisser sécher à l'air chaque panicule séparément (1) avant de les lier en bottes. Pour n'avoir pas suivi ce précepte, nous avons perdu

(1) C'est surtout dans les époques où la saison est pluvieuse qu'on doit prendre cette précaution; on pourrait aussi, dans ce cas, suivre la méthode usitée chez les Cafres pour la conservation des blés de Guinée (*Holcus cafrorum*). Ces insulaires pendent dans leurs habitations les épis et ne les dépiquent qu'après les avoir laissés ainsi pendant plusieurs mois. Il est indispensable de laisser le fût de toute sa longueur. Nous pensons même qu'on pourrait y laisser adhérer les deux premiers nœuds,

beaucoup de graines qui avaient contracté une odeur désagréable. La farine que nous avons retirée de ces graines avait une odeur repoussante et un goût insupportable. Nous avons pensé qu'il était urgent de faire cette observation, afin que, plus tard, on ne vienne pas nous dire : la farine de la canne à sucre de la Chine est impropre à l'alimentation à cause de son mauvais goût. Nous faisons notre possible pour prémunir nos lecteurs contre les déboires que nous avons éprouvés dans le courant de nos études. Ce n'est pas notre faute si depuis la publication de cet ouvrage nombre de propriétaires ont perdu leur récolte pour n'avoir pas voulu croire à nos assertions.

La graine ainsi séparée de son panicule, ce dernier peut être utile à divers usages.

Passant sous silence les principes tinctoriaux qu'il recèle, nous pouvons en faire ressortir l'utilité comme balai d'appartement.

La graine que nous avons obtenue doit se vanner comme d'usage.

Nous sommes dans l'habitude de regarder comme

dans le cas où la récolte serait faite avant la parfaite maturité de la partie inférieure de la canne. Nous connaissons un propriétaire qui a perdu ainsi près de mille kilog. de graine qu'il a été obligé de donner aux lapins parce qu'il ne l'avait pas cueillie mûre.

graine bonne au semis (1), celles-là seules qui restent sur un crible dont les trous ont cinq millimètres de diamètre. Tout ce qui passe en dessous peut être utile à beaucoup d'usages ; mais nous le considérons comme impropre au semis.

En effet, la graine qui ne peut passer au diamètre indiqué, est ordinairement fournie par la partie supérieure des panicules. Or, nous avons fait observer, d'autre part, qu'il y avait trois séries de floraison dans les épis, et, par conséquent, trois degrés de maturité. La floraison commençant par la partie supérieure de l'èpi, et celui-ci ne devant se couper qu'après la parfaite maturité de sa partie inférieure, il résulte, nécessairement, une maturation plus parfaite dans la partie supérieure.

Toute graine passant à un crible de quatre millimètres, est considérée comme impropre à la fabrication de la farine : ce sont celles que nous abandonnons aux volailles ou autres animaux, qui en sont très-friands.

Retournons maintenant sur nos pas et disons

(1) Nous voyons avec peine que les marchands grainiers refusent de blutter leur graine pour les réduire au diamètre indiqué. Nous comprenons qu'on les fasse payer plus cher, c'est justice ; mais refuser de vendre dans ces conditions nous paraît une folie.

que les poussières résultant du premier vannage (1) doivent être mises de côté ; elles sont utiles à divers usages qu'on trouvera mentionnés dans le second volume.

La graine ainsi préparée, se présente sous un aspect plus ou moins violacé, acquérant même quelquefois une teinte tellement foncée, qu'elle paraît noire ; cette graine est, le plus ordinairement, privée de cette série de petits poils qui entourent la partie supérieure de la cupule et qui gâtent la farine.

La cupule peut s'enlever ; nous avons employé, pour parvenir à ce but, divers procédés qu'il est inutile de décrire ; ils avaient tous pour conséquence d'opérer des frottements tels que la cupule éclatait.

On voyait alors apparaître une peau blanche très-légère, marquée d'une teinte plus ou moins violacée sur les bords et parsemée de petits poils blancs qui se réunissaient, vers la partie supérieure, à l'endroit où la cupule laisse voir la graine. Il est aisé de les apercevoir à l'œil nu et mieux encore en faisant usage d'une loupe.

L'intérieur de la cupule est d'une couleur plus

(1) Il est indispensable de vanner ces graines si l'on veut les appliquer à la fabrication des farines, pâtes, etc.

claire que la partie qui reçoit directement l'action du soleil ; ce qui explique, peut-être, la différence des couleurs qu'on extrait de cette partie de la plante.

La graine est enfermée dans les différentes enveloppes que nous venons de décrire, le germe toujours tourné vers le pédicelle qui retient la cupule de la graine à l'épi.

La graine, dépouillée de sa glume (1), est d'une couleur jaune foncé, marquée d'un hile violacé, et qui, selon le sol dans lequel on l'a cultivé, conserve, sur son enveloppe secondaire, des marques plus ou moins foncées d'un jaune tirant sur le violet. Les graines les plus mûres sont plus colorées que les autres ; d'où il ressort que plus la graine sera récoltée dans un pays chaud, plus elle sera colorée, à la condition qu'elle soit parfaitement mûre. Jusqu'à ce jour, nous avons vu peu de graines ayant les qualités requises. Celles qu'on a envoyées d'Algérie ne sont pas mûres non plus. On doit avant tout se persuader que l'on doit chercher la maturité du panicule dans la partie inférieure.

Il est urgent de laisser parfaitement mûrir la graine sur son panicule. Nous ne saurions trop insister sur ce point, car on évitera ainsi beaucoup

(1) On appelle ainsi l'enveloppe florale des graminées.

de peine pour séparer la graine de sa cupule et on obtiendra des graines de bonne qualité.

Nous sommes parvenu à obtenir des graines qui tombaient naturellement de la plante : dans ce cas, la cupule restait adhérente au panicule. Nous n'avons jamais pu obtenir que ce phénomène dépassât la partie supérieure du panicule, c'est-à-dire, la première floraison de l'épi. Il est à présumer que dans les pays plus chauds, la graine peut tomber sur le sol privée de sa cupule. Cependant, les semences reçues directement de la Chine, avaient leur cupule ; elles étaient moins grosses que celles que nous récoltons et beaucoup moins mûres.

Nous possédons encore un échantillon des premières graines ; leur couleur est beaucoup moins foncée que celle des graines qu'on récolte aujourd'hui ; elles sont infiniment moins grosses ; ce qui nous fait présumer que cette plante, loin de perdre de ses qualités au point de vue de la graine, gagne, au contraire, de ce côté. Nous sommes assuré qu'il en est de même pour la production du sucre et de l'alcool.

Les graines que M. de Montigny a envoyées de Chine, en 1856, pour être remises aux Membres de la Société Impériale Zoologique d'Acclimation, étaient encore moins mûres que les premières que nous avions reçues.

Si nous en croyons nos études pratiques, la

canne à sucre de la Chine aurait acquis des qualités qu'on ne lui avait pas reconnues dans le principe. Est-ce la conséquence du mode de culture, du sol, de son acclimatation, ou doit-on l'expliquer par une étude plus approfondie de cette graminée ? Nous laissons à d'autres le soin de répondre à ces diverses questions.

La graine de canne à sucre de la Chine, soumise à un degré de torréfaction convenable, nous a donné, en l'employant en décoction comme du café, une boisson se rapprochant, par le goût, plutôt du thé que du café ; sa saveur est agréable.

M. le comte de David Beauregard se sert, depuis quelque temps, d'une préparation qu'il appelle chocolat, parce que, dit-il, elle en rappelle le goût et l'aspect, surtout si on l'additionne d'un vingtième de poudre de cacao. Pour obtenir cette préparation, M. de Beauregard fait torréfier légèrement la farine faite avec la graine de la canne à sucre de la Chine ; il la met à tremper dans l'eau, la veille, et obtient ainsi de la pâte qu'on fait bien cuire, la boisson semi-liquide qui résulte de cette cuissson, est, à ce qu'il paraît, nourrissante (1), économique et d'un goût agréable.

(1) Nous partageons la manière de voir de l'honorable président du Comice agricole de Toulon. Nous prouverons, dans les chapitres suivants, que la farine extraite des graines de la canne à sucre de la Chine est très-nourrissante, et l'on se l'expliquera aisément par l'analyse que nous en donnons.

La graine, privée de cupule, est encore recouverte par deux enveloppes : l'une, celle dont nous avons déjà indiqué la coloration, est jaune, marquée de rouge; l'autre, qui est adhérente à la partie féculente de la graine, est onctueuse, d'une couleur terre de Sienne brûlée, plus ou moins foncée, passant au rouge. Quand elle est détachée de la graine, elle colore la farine. Nous pensons donc qu'il serait utile de soumettre cette plante à une préparation pour la décortiquer (1), comme on le fait pour obtenir l'orge perlé.

Il s'agirait donc d'admettre un frottement tel que le périsperme fût enlevé sans attaquer la partie farineuse de la graine.

On enlève aisément la première enveloppe ; mais celle qui touche la farine est d'une adhérence très-forte. Il en est de même dans l'orge. La farine de cette céréale est presque inséparable du son ; mais après le perlage, on obtient une très-belle farine. La graine de la canne à sucre de la Chine se trouve dans les mêmes conditions.

Dans le chapitre suivant, nous nous entretiendrons des différentes farines et de leur utilité. Di-

(1) Nos nouvelles études nous permettent d'assurer que la décortication n'est pas indispensable ; on s'en assurera en lisant les chapitres suivants.

sons, en passant, que la distinction que nous avons déjà établie entre les différentes qualités de graines soumises au crible, n'est pas sans action sur les farines que nous obtiendrons plus tard.

Si l'on soumet à la meule, séparément, les graines que nous nommerons de rebut (celles destinées à la volaille), on obtiendra un produit d'un goût âpre et insupportable. Ce problème n'est pas difficile à résoudre : cette farine étant le produit de graines faillies ou imparfaitement mûres, on ne peut juger, par ce résultat, de l'utilité des graines de la canne à sucre de la Chine. Il n'en est pas de même de la seconde qualité de graines : celle-ci conserve bien, il est vrai, encore quelques grains non parvenus à leur état parfait de maturité ; mais ils sont en très-petite quantité, et ne peuvent influer sur le produit retiré.

On doit classer parmi les graines de la deuxième catégorie, toutes celles récoltées au-dessus de la zone de la partie méridionale de la France, si nous en jugeons par quelques échantillons qui nous ont été remis. Celles du midi de la France et de l'Algérie, se trouvent presque complètement comprises dans la première section. Ce ne sont que les graines tardives qui, sous ces latitudes, se trouvent faire partie de la dernière catégorie.

Quant aux graines complètement faillies ; celles qui n'ont pas encore acquis la couleur violacée à l'époque des gelées, elle doivent, nous pensons, s'employer soit à des teintures, soit à l'extraction de la fécule ou à la nourriture des volailles.

Tous les animaux de basse-cour se montrent très-friands des graines de canne à sucre de la Chine. Celles-ci teignent leurs os d'une manière particulière, ainsi qu'on le voit dans la garance (1).

Nous avons nourri des volailles et un cochon, alternativement avec du maïs et des graines de sorgho à sucre; 15 jours ont suffi pour donner aux os du cochon une zone d'un rouge violacé, tranchant sur le coloris ordinaire de l'os. Nous possédons un échantillon de cet os dans nos collections. Nous en parlerons dans le deuxième volume.

M. le comte de David Beauregard a constaté ce fait pour la canne à sucre de la Chine. Les os des animaux qu'il a nourris avec ses graines mûres, ont été colorés en bleu violacé. C'est en vain qu'on voudrait contester à la canne à sucre de la Chine ses qualités tinctoriales. Il est évident, d'après les

(1) Toute plante produisant des principes tinctoriaux, telles que la garance et la canne à sucre de la Chine, forment dans la contexture des os appartenant aux animaux qui en sont nourris, des zones plus ou moins colorées, selon le laps de temps que les animaux ont été soumis à cette nourriture.

faits ci-dessus, que cette plante est au moins aussi riche en principes tinctoriaux que la garance. Il nous sera aisé de prouver ce fait, qui est mis hors de doute par la coloration des os. En effet, peu de plantes produisent ce phénomène.

CHAPITRE IX.

Etudes sur les produits de la mouture de la canne à sucre de la Chine.

Toute vérité scientifique s'augmente, se développe, acquiert son point de maturité ; mais comme les enfants, on ne la met point au monde sans effort, sans douleur et sans déchirement.

RÉVEILLÉ PARISE.

Nous avons déjà dit, dans le chapitre précédent, que la graine de la canne à sucre de la Chine, a beaucoup de rapport avec l'orge. Comme ce dernier, la partie corticale (le péricarpe) demande à être découpé en larges fragments, afin qu'il passe moins de son au blutage.

Nous avons soumis les graines à différentes épreuves.

Un hectolitre (65 kilog.) de graines de canne à sucre de la Chine, parfaitement vanné et recueilli chez nous, en 1854, a été remis à un moulin ordinaire; nous avions recommandé de relever un peu la meule, afin d'enlever seulement la cupule de la graine. Le peu d'habitude que l'on a, dans ces pays de faire subir cette préparation, a été cause que nous n'avons pu obtenir le résultat que nous désirions.

Voici quel a été le rendement :

	13 kilog.	650 gr.	de gros son.
	13 kilog.	150 gr.	de second son.
	37 kilog.		de fleur de farine et semoule.
Total.	63 kilog.	800 gr.	

Il y a eu une perte d'un kilog. 200 grammes.

Le gros son avait un aspect violacé ; quelques larges écailles de la cupule étaient enlevées. En soumettant ce son à un blutage parfait, nous l'avons décomposé en trois parties : la première, formée de larges plaques de cupule, que l'on pourrait estimer avoir la moitié de la cupule entière ; la seconde partie était composée d'un mélange de cupules et de périspermes (1) ; le troisième produit contenait

(1) Nous employons la dénomination de périsperme pour désigner l'enveloppe de la graine qui se trouve immédiatement en contact avec la farine. Nous avons pensé que cette dénomination était aussi exacte que possible. Il est cependant urgent d'expliquer notre pensée à cet égard pour qu'il n'y ait pas de malentendu.

une très-grande proportion de périsperme ; la cupule y était représentée par de légères plaques ; son aspect était jaune violacé.

Le deuxième son était un composé de violet fourni par des débris de cupule, jaune brun, fourni par le périsperme ; plus, de la semoule blanche produite par les débris de la graine.

La farine s'offrait à l'œil sous un aspect violet donnant un peu sur le rose. Sans le secours de la loupe, on pouvait y distinguer de légers débris de cupules et une quantité plus grande de périsperme. Blutée au tamis de soie le plus fin possible, pour en séparer toutes les parties étrangères, elle prenait une couleur rose très-pâle. L'œil, armé de la loupe, pouvait distinguer encore des parcelles de périsperme.

Quelle était donc la cause de ces variations de couleur ? La réponse à cette question se trouve dans le mode de mouture employé.

Pour obvier à ces inconvénients, nous avons enlevé complètement la cupule avant d'envoyer la graine au moulin. Nous n'entretiendrons pas nos lecteurs des moyens que nous avons employés pour arriver à ce perfectionnement ; mais nous leur signalerons ceux qu'on doit employer dans l'exploitation.

Pour parvenir au but que nous nous proposons, il faut se servir de petites meules horizontales en grès ou en bois, de 50 centimètres de diamètre sur 15 centimètres d'épaisseur, et tournant, sur leur axe, 400 fois par minute. Chacune d'elle sera entourée d'une chemise en tôle, criblée de trous, et dont les bavures seront tournées en dedans. Il est nécessaire de laisser entre les côtés de la meule et ceux de la tôle, un intervalle d'un centimètre environ. Les graines doivent tomber par une trémie sur la surface supérieure de la meule qui, en vertu de son mouvement de rotation, les lance vers la circonférence où elles sont usées alternativement contre les surfaces verticales de la meule et de la tôle, et elles finissent ainsi par se perler. Le déchet s'échappe en dehors.

Selon que l'on aura laissé plus ou moins longtemps la graine dans cet appareil, on enlèvera seulement la cupule ou complètement le périsperme ; une soupape sera disposée de telle façon que les graines, sortant à volonté, on les remplace par d'autres.

Les moulins usités pour la décortication du riz remplissent le même office ; nous avons vu de la graine décortiquée par ce procédé et qui était aussi propre que possible.

Revenons à notre point de départ : la graine a

donc été privée de la cupule, nous avons obtenu, par hectolitre, 47 kilog. de graines décortiquées, et 15 kilog. du produit de la décortication. Il y a donc eu 3 kilog. de perte (1).

La graine se présente alors complètement dépouillée de sa cupule ; elle a l'aspect d'un blé tirant sur le jaune brun, avec des plaques violacées dans certains grains. La grosse semoule, provenant du triturage, est d'un blanc grisâtre, parsemé de larges plaques de périsperme ; la seconde semoule, retirée du blutage de la farine, présente une teinte plus foncée et une plus forte portion de périsperme.

La fleur de farine donne une teinte tirant insensiblement sur le violet. A l'œil nu, on y distingue une forte proportion de périsperme ; l'œil, armé de la loupe, y voit, d'une part, toujours une forte proportion de périsperme, d'une couleur jaune brun, et, d'autre part, la fleur de farine, d'un blanc assez net.

Restait encore une expérience à faire : il s'agissait de savoir si la graine, soumise à la mouture après avoir été complètement privée de toute espèce de périsperme, ne donnerait pas un produit de plus belle qualité.

(1) Ce rendement a été calculé sur les graines que nous avons décortiquées au moyen du frottement. C'est la cupule seule qui a été enlevée.

Pour les travaux en grand, le moulin que nous avons décrit précédemment, serait suffisant pour obtenir la décortication complète. La graine ainsi obtenue est blanche, avec un hile violacé. Il n'existe plus alors que de la farine, l'une en semoule, l'autre en fleur. La semoule est blanche. Il en est de même de la farine, qui a cependant une teinte grisâtre plus prononcée.

Nous croyons être parvenu aux dernières limites du possible pour livrer à la consommation la graine de la canne à sucre de la Chine dans son état le plus parfait.

Cependant, les hommes spéciaux s'adonnant à ces études, parviendront peut-être à obtenir encore mieux. Il y a une chose positive, c'est que la coloration de la farine est due à un principe colorant contenu dans le périsperme, et qui parvient à pénétrer de plus en plus au centre de la graine.

Nous ajouterons que nous avons employé des procédés chimiques pour essayer de décolorer la graine décortiquée, et que nous sommes arrivé, après avoir enlevé à cette graine trois principes colorants, à obtenir une graine ayant, à l'intérieur, une couleur jaune brun très-foncé, présentant un hile noir. Le périsperme était parsemé de couleurs violettes. Quant à l'intérieur, la graine qui n'avait pas été soumise aux essais ci-dessus indiqués, présentait un aspect d'un blanc humide, tandis que l'autre avait une couleur d'un blanc éclatant. Ces expériences prouvent donc que la matière colorante est complètement contenue dans le périsperme.

Nous nous sommes demandé s'il ne serait pas possible d'obtenir de bonnes farines sans avoir recours à la décortication, et les expériences suivantes nous ont prouvé qu'on peut y parvenir par un blutage plus soigné.

Nous avons pris, dans le courant du mois de février 1858, un hectolitre de graines provenant des récoltes faites en Algérie. Ces graines n'étaient pas dans les conditions ci-dessus énoncées; aussi l'hectolitre pesait seulement 62 kilogr. 500 grammes (l'hectolitre de blé récolté chez nous (1) pesait 75 kilogr.)

Les 100 kilog. graines de sorgho placés dans les conditions énoncées ci-dessus, ont été envoyés à un moulin ordinaire; le meunier observe qu'il a été obligé de donner toute l'eau dont il pouvait disposer, preuve que la graine dont nous nous occupons, est plus dure que le blé ordinaire. Nous pensons que n'ayant pas été récoltée assez mûre, elle conserve encore une certaine humidité.

(1) Touzelle blanche.

Les 100 kilog. nous ont rendu :

Gros son...........................	16 kilog.
Petit son contenant la majeure partie de son poids en semoule...........	16 kilog.
Farine.............................	68 kilog.
	100 kilog.

La farine qui nous est revenue du moulin était dure au toucher, d'un blanc jaunâtre, avec une teinte rosée ; à l'œil armé de la loupe, on distinguait quelques parcelles de périsperme.

Nous avons pensé que le blutage devait séparer tous les corps étrangers que nous pouvions observer ; en conséquence, nous avons fait faire un blutoir composé de quatre compartiments et se terminant par la toile métallique la plus fine. Voici quel a été le résultat de cette décomposition.

Les 100 kilog. de farine venus du moulin et repassés à notre blutoir, ont donné :

Premier tamis,		1 kilog.	900 gram.
2e	id.	3	500
3e	id.	45	700
4e	id.	48	900
		100 kilog.	000 gram.

Le produit resté sur le premier tamis présente à l'œil nu une teinte grisâtre ; des points violacés et jaunâtres s'observent dans la masse ; on dirait qu'une laine particulière enchevêtre chaque graine de farine.

En soumettant à la loupe ce produit, on observe des plaques violacées, dues à l'enveloppe de la graine ; des plaques jaunâtres, dues au périsperme ; des poils qui faisaient, sans doute, partie de ceux qu'on trouve autour de la graine, puis de la farine en très-petite quantité.

Sur le second tamis, on trouve une farine d'un gris jaunâtre, donnant à l'œil nu quelques débris de cupules et de périsperme, plus de poils, une assez grande quantité de farine en semoule.

A la loupe, on distingue parfaitement les débris de cupule violets, de périsperme et de la semoule d'un blanc rosé. Il est à remarquer que ces débris de cupule sont en très-petite proportion et que le périsperme est en plus grande quantité que sur le tamis précédent.

Le troisième tamis donne une farine qui, à l'œil nu, laisse voir encore quelques traces des substances étrangères ci-dessus relatées.

L'examen à la loupe ratifie ce qu'on voit à l'œil. Le toucher donne la sensation de semoule très-fine.

Au dessous du quatrième tamis on trouve la farine fine, douce au toucher, d'une couleur rosée et ne présentant à l'œil nu aucune substance étrangère. Cependant, l'œil armé de la loupe y peut distinguer des traces de périsperme, qui n'ont, du reste, aucun inconvénient pour la santé : cela soit dit en passant.

La première farine, celle que nous avons obtenue directement du moulin, en lui envoyant la graine non décortiquée, a été soumise à différents modes de préparation. Nous l'avons pétrie d'abord toute seule en y ajoutant de la levure de bière ; le pain obtenu était assez bien levé ; il avait un aspect violacé lorsqu'il a été confectionné (29 janvier 1855), et aujourd'hui (mars 1858), il est parfaitement conservé avec une couleur violet marron. Sa cassure est résineuse et son goût rappelle celui de la fécule.

Le 30 janvier 1855, nous avons pétri la farine de graine de canne à sucre de la Chine, avec du levain obtenu par la farine de touzelle blanche. Le pain que nous avons fait ainsi, avait un aspect d'un violet très-foncé ; il était levé comme celui dont nous nous sommes entrenu précédemment. Aujourd'hi, il est parfaitement conservé, d'un aspect à peu près identique à l'autre. Son goût est moins féculeux ; sa cassure est aussi résineuse.

Le pain obtenu par le mélange de deux tiers farine de la canne à sucre de la Chine et un tiers de touzelle, et auquel on ajoute de la levure de bière, présente des caractères analogues aux précédents, si ce n'est que sa couleur est moins foncée. Son goût est légèrement féculeux, sa cassure résineuse.

En mêlant parties égales de farine de canne à sucre de la Chine et de touzelle blanche, on obtient, soit qu'on emploie de la levure de bière ou du levain, un pain beaucoup plus léger que le précédent. Sa cassure est moins résineuse ; sa conservation parfaite puisqu'il est encore mangeable aujourd'hui. Quant au pain résultant du mélange d'un tiers farine de canne à sucre de la Chine et la touzelle blanche, il a toutes les qualités du pain ordinaire, sauf la couleur un peu plus violacée et la cassure plus résineuse.

La farine de canne à sucre de la Chine est difficile à pétrir. On voit qu'il y manque le gluten ; mais mélangée avec la farine ordinaire, elle est aussi aisée à travailler. Elle absorbe seulement le double de la quantité d'eau nécessaire pour pétrir la farine ordinaire. Elle lève aussi aisément que le pain de froment.

La cuisson du pain dans lequel il entre la farine de la canne à sucre de la Chine, est plus difficile que celle du pain ordinaire. Après plusieurs essais, nous sommes parvenu à trouver la température nécessaire pour lui donner une cuisson convenable. Si le four est à la température voulue pour enfourner le pain de froment, la croûte se forme instantanément et il n'est plus possible de cuire la mie.

Pour obtenir un pain de bonne qualité et parfaitement cuit, le four ne doit pas être à une température trop élevée. Nous pensons que la température voulue est celle nécessaire pour enfourner le pain de seigle. Les boulangers sauront mieux que nous les détails de la panification.

Nous nous sommes donc adressé à un industriel. Il en a confectionné du pain (1) ; la farine seule est dure à pétrir et lève peu. Partie égale de farine canne à sucre de la Chine et touzelle blanche, se pétrit bien ; elle lève assez bien et le pain est de bonne qualité, quoique un peu rosé.

Trois quarts farine ordinaire et un quart de celle de sorgho à sucre, donnent du pain d'excellente qualité et toujours un peu rosé. De l'avis des nombreuses personnes qui en ont goûté, il est bon et peut entrer sans peine dans la consommation. Or, retirer un quart farine de froment de la consommation, c'est baisser le prix du pain, ce qui peut rendre les plus grands services dans certains moments de disette. Nous pensons donc qu'on doit tâcher de faire entrer ce mélange de farine dans la consommation usuelle, afin que dans un cas donné on y soit habitué.

Nous avons employé cette farine à la confection

(1) 13 août 1856.

de différentes espèces de gâteaux ; elle réussit bien dans les gâteaux dits secs, la pâte du gâteau de Savoie. Ajoutons que suivant le mode de travail auquel la pâte a été soumise, les gâteaux sont violacés ou roses (1) ; ils ont, du reste, été trouvés fort bons par les nombreuses personnes qui en ont goûté. Deux des meilleurs confiseurs de Marseille (2) s'étaient chargés de leur confection.

La farine des graines de la canne à sucre de la Chine, mêlée avec environ la moitié de la farine de touzelle est excellente pour faire des beignets ou autres pâtes qu'on doit faire frire dans l'huile. Nous avons remarqué que des gâteaux ainsi confectionnés n'ont pas le défaut d'absorber une grande quantité d'huile comme la pâte ordinaire.

Nous avons fait entrer la farine de canne à sucre de la Chine dans la confection du chocolat, en remplacement de la fécule. Le fabricant chargé de ce travail est d'avis que cette farine est de beaucoup supérieure à la fécule. Les chocolats que nous en avons obtenus sont d'excellente qualité, se cuisent

(1) Nous pensons que cette différence de coloration est due aux différentes substances qui entrent dans la confection des gâteaux. Tout nous fait présumer que la qualité de l'eau employée n'est pas étrangère à ces différentes colorations. Des expériences entreprises dans ce but nous ont prouvé la véracité de nos prévisions.

(2) Février 1856.

parfaitement sans laisser de grumeaux et sont très-nutritifs ; ils remplaceront avec avantage, pour les convalescents, les chocolats au salep de Perse et autres. La farine torréfiée ne se trouve plus dans ces conditions. Nous en avons obtenu aussi des pâtes d'Italie d'excellente qualité.

Il nous est bien démontré que la farine de la canne à sucre de la Chine peut entrer dans l'alimentation de l'homme. Cet avis n'est pas partagé par tout le monde ; quelques-uns pensent que par le mélange de cette farine avec celle de froment, on obtiendra un aliment inférieur, et que du pain fait ainsi ne sera pas aussi nutritif que celui de pur froment. C'est une erreur. Quant à nous, nous croyons qu'il vaut mieux vendre du pain de bonne qualité contenant sciemment de la farine de sorgho, qui est identique à la fécule, c'est-à-dire très-nourrissante, plutôt que tous les mélanges adultères, de mauvaise qualité, qu'on rencontre journellement dans le pain, et qui déterminent souvent chez les personnes qui en font usage, des accidents graves. En employant un quart ou moitié de farine de sorgho qui viendra un jour à un prix très-bas, on rendra service à quantité de pauvres ouvriers auxquels on fait manger toute sorte de graines, sous le nom de pain de 2e et 3e qualités ; car, malgré la vigilance de l'autorité, on retrouve dans la campagne du pain de 3e qualité, surtout dans les moments de disette, ce sera plus utile d'employer ainsi le sorgho que de le faire servir à l'engraissement des animaux.

Cette farine forme d'excellent potage qui imite le *Racahout des Arabes*.

Désireux de connaître la composition intime de la farine résultant de la mouture des graines de la canne à sucre de la Chine, nous en avons pris 25 grammes que nous avons pétris avec 15 grammes d'eau. Ce mélange a été laissé hydrater pendant 40 minutes. Nous l'avons malaxé ensuite sur un tamis de soie qui a laissé passer 12 grammes de fécule présentant une teinte rosée, coupée par des zones d'un blanc grisâtre. Au-dessus, la teinte était marron. L'odeur était à peu près celle de la fécule ordinaire. Il est resté sur le tamis une matière grenue, d'un rose sale, et pesant 4 grammes 7 décigrammes. La perte a été de 8 grammes 7 décigrammes. Nous pensons qu'elle est due à la fécule enlevée par les divers lavages.

La fécule obtenue, par le procédé des amidonniers, de la graine dépouillée de la cupule, est d'un gris rosé.

Indépendamment de la fécule contenue dans les graines, le jus destiné à faire le sucre, ayant été reposé pendant douze heures, nous a donné 3 gr. 5 décigr. de fécule desséchée pour quatre litres 1/2 de jus.

Cette fécule, desséchée immédiatement sans lavage préalable, était grise ; lavée, elle est devenue blanche.

Ce produit qui ne coûte presque rien au propriétaire, aura son avantage surtout dans la confection du chocolat, vu que la couleur n'y fait rien. C'est un produit de plus qu'on retire de cette précieuse graminée, produit qui gêne la confection du sucre dans le cas où l'on veut en obtenir du jus de la canne.

CHAPITRE X.

Rendements de la canne à sucre de la Chine.

> Parquoy ne soyons si simple de nous reposer et endormir sur le labeur des anciens, comme s'ils avaient sceu ou tout dit, sans rien laisser à excogiter et à dire à ceux qui viendront après eux.
>
> AMBROISE PARÉ.

Nous allons donner le rendement que nous avons obtenu, en 1855, dans notre propriété, située dans le quartier de Séon-Saint-André, banlieue de Marseille. L'espace cultivé en cannes à sucre de la Chine était de 36 mètres 80 centimètres de long, sur 8 mètres de large, soit 2 ares 94 centiares de superficie. Nous avons dit plus haut de quelle manière le terrain avait été préparé ; nous relaterons, pour mémoire, que nous avons fait arroser notre plantation deux fois par semaine, et qu'un ouragan jetait les cannes par terre le 3 septembre.

Nous donnerons d'abord le décompte des récoltes faites au jour le jour ; ensuite, le résultat total obtenu sur un hectare de terrain.

Faisons observer tout d'abord que l'état de notre santé, à cette époque, ne nous a pas toujours permis de mettre nous-même la main au travail. Dans ce cas, il était confié à nos enfants et à une servante intelligente. Ce simple énoncé expliquera les déchets que nous avons obtenus et le retard que nous avons apporté quelquefois dans la cueillette des cannes.

Lorsque la gelée est venue interrompre nos travaux, il restait encore sur place environ 300 kilog. de cannes brutes qui ne sont pas comprises dans le rendement.

Nous avons toujours enlevé, cette année, les nœuds et la peau qui nous étaient utiles pour d'autres usages. Ce *modus faciendi* a nécessairement produit une perte de jus. Désireux de donner des appréciations bien exactes, nous rappelons tous ces petits incidents, afin que chacun de nos lecteurs puisse apprécier à sa juste valeur le rendement obtenu.

Toutes les fois que nous parlerons du poids des cannes brutes, il est bien entendu qu'elles étaient privées de la graine et du fût.

Le semis avait été fait le 3 mai ; nous avons commencé (1) la récolte dans les derniers jours d'octobre.

30 Octobre.

Cueillette : 57 kilog. de cannes brutes (2).

Privées de feuilles, elles pesaient......	43 k.	7 h.
Les nœuds enlevés, restaient...........	35	3

Le pèse-sirop marquait 9 degrés ; nous avons obtenu de ces cannes 12 litres de jus pesant 12 kilog. 100 gram., le résidu de la moëlle enlevé de dessous la presse (3) pesait 3 kilog. 637 grammes.

5 Novembre.

Cueillette : 34 kilog. 400 grammes de cannes brutes (4).

Dépouillées de feuilles, elles pesaient...	28 k.	400 g.
Les feuilles pesaient..................	6	
Les nœuds pesaient..................	4	400
Les pailles pesaient..................	8	100

Le pèse-sirop marquait 9 degrés. Elles ont rendu

(1) C'est à la pluie et au mauvais temps qui ont régné à Marseille pendant tout le mois de septembre que nous attribuons la maturation tardive de nos cannes. Dès le 19 septembre, nous avons pu cueillir quelques cannes ; mais la récolte n'a mûri que fin octobre. En 1854, la récolte a été beaucoup plus précoce.

(2) On comptait 70 cannes dans cette coupe.

(3) Nous estimons à un litre le jus bu par la planche sur laquelle on travaillait. Cette quantité de liquide est passée sous silence dans le rendement obtenu.

(4) Il y avait dans cette cueillie 46 cannes.

11 litres 2 décilitres 1/2 de jus pesant 10 kilog. ; reste 6 kilog. de résidus.

6 Novembre.

Cueillette : 75 kilog. de cannes brutes, qui ont donné :

Feuilles.............	12 k.	200 g.
Nœuds...............	10	»
Paille................	15	600
Résidus.............	12	900
Jus, 20 litres 1/2, pesant	25	»

Le pèse-sirop marquait 8 degrés.

9 Novembre.

Cueillette : 58 kilog. de cannes brutes,

Feuilles..............	11 k.	100 g.
Nœuds...............	6	900
Paille................	12	900
Résidus..............	4	200
Jus...................	12 litres 3/4.	

Le pèse-sirop marquait 8 degrés.

10 Novembre.

1re Cueillette : 32 kilog. de cannes brutes,

Feuilles..............	4 k.	980 g.
Nœuds...............	4	800
Pailles...............	6	230
Résidus..............	4	100
Jus...................	9 litres.	

Le pèse-sirop marquait 8 degrés.

2e Cueillette : 31 kilog. de cannes brutes,

Feuilles..............	7 k. 200 g.
Nœuds..............	4 460
Paille..............	7 200
Résidus..............	3 700
Jus..................	8 litres 2 déc.

Le pèse-sirop marquait 8 degrés.

12 Novembre.

Cueillette : 31 kilog. de cannes brutes,

Feuilles..............	4 k. 920 g.
Nœuds..............	4 950
Pailles..............	6 300
Résidus..............	5 170
Jus..................	6 litres 3/4.

Le pèse-sirop marquait 8 degrés.

13 Novembre.

1re Cueillette : 47 kilog. de cannes brutes, toutes ont des rejetons partant des nœuds.

Feuilles..............	8 k. 800 g.
Nœuds..............	6 100
Paille..............	10 700
Résidus..............	6 »
Jus..................	10 litres.

Le pèse-sirop marquait 8 degrés.

2e Cueillette : 41 kilog. 500 gr. de cannes brutes ; elles sont mouillées, car il pleut depuis deux jours,

Feuilles..............	8 k. 100 g.
Nœuds..............	5 200
Paille..............	8 400
Résidus..............	5 400
Jus..................	8 litres 3/4.

Le pèse-sirop marquait 8 degrés.

14 Novembre.

1re Cueillette : 22 kilog. de cannes brutes ,

Feuilles..............	4 k. » g.
Nœuds...............	4 200
Paille................	4 100
Résidus..............	4 »
Jus...................	5 litres.

Le pèse-sirop marquait 8 degrés.

2e Cueillette : 27 kilog. de cannes brutes,

Feuilles..............	4 k. 800 g.
Nœuds...............	4 »
Paille................	5 500
Résidus..............	3 700
Jus...................	5 litres 1/4.

Le pèse-sirop marquait 8 degrés.

3e Cueillette : 32 kilog. 300 gr. de cannes brutes; une partie des cannes, séparées des nœuds, a été gardée pendant deux jours.

Feuilles..............	6 k. 400 g.
Nœuds...............	5 400
Paille................	7 260
Résidus..............	6 700
Jus...................	6 litres.

Le pèse-sirop marquait 8 degrés,

16 Novembre.

1re Cueillette : 26 kilog. 300 gram. de cannes brutes ; elles ont été prises dans un endroit à l'ombre ; leur feuillage est très-vert, les graines sont à peine mûres et les rejetons en fleurs.

Feuilles..................	5 k. 260 g.
Nœuds..................	4 300
Paille..................	6 150
Résidus..................	4 120
Jus..................	5 litres 1/2.

Le pèse-sirop marquait 7 degrés.

2e Cueillette : 46 kilog. 100 grammes,

Feuilles..................	7 k. 600 g.
Nœuds..................	9 500
Paille..................	10 960
Résidus..................	8 700
Jus..................	6 litres 3/4.

Le pèse-sirop marquait 7 degrés.

On a compris parmi les nœuds une partie des rejetons qui y étaient adhérents.

17 Novembre.

Cueillette : 36 kilog. 300 grammes de cannes brutes ; presque tous les bouts étaient avortés ; elles se trouvaient à côté d'un bassin et avaient étés noyées,

Feuilles..................	6 k. » g.
Nœuds..................	7 300
Paille..................	8 800
Résidus..................	6 »
Jus..................	5 litres.

Le pèse-sirop marquait 7 degrés.

19 Novembre.

Il pleut depuis deux jours, nous nous décidons cependant à faire cueillir, d'une part, un fagot de

57 kilog. 500 grammes, sur lequel nous opérons immédiatement, et un autre de 87 kilog. 700 gr. sur lequel nous opérons le lendemain.

Cueillette : 57 kilog. 500 grammes,

Feuilles	12 k.	550 g.
Nœuds	9	600
Paille	12	700
Résidus	7	»
Jus	12 litres.	

Le pèse-sirop marquait 8 degrés.

20 Novembre.

Nous opérons sur 87 kilog. 700 gram. de cannes brutes qui ont été cueillles le 19 (1).

Feuilles	15 k.	500 g.
Nœuds	14	500
Paille	16	800
Résidus	15	100
Jus	18 litres 1/4.	

Le pèse-sirop marquait 9 degrés.

22 Novembre.

Cueillette : 60 kilog. de cannes. La pluie nous a empêché de cueillir plus tôt.

23 Novembre.

Les 60 kilog. de cannes, cueillies le 22, ont donné :

(1) Les 145 kilog. de cannes cueillies le 19 novembre, ont donné 3 kil. 508 grammes sucre brut.

Feuilles..............	10 k.	400 g.
Nœuds..............	14	400
Paille..............	18	600
Résidus..............	12	100
Jus..............	15 litres (1).	

Le pèse-sirop marquait 8 degrés.

26 Novembre.

Cueillette : 131 kilog. de cannes brutes, qui ont été divisées en deux paquets : l'un, de 61 kil., a été employé immédiatement ; l'autre, de 70 kil., est renvoyé au lendemain.

Les 61 kilog. cannes brutes ont donné :

Feuilles..............	14 k.	400 g.
Nœuds..............	12	900
Paille..............	19	600
Résidus..............	10	800
Jus..............	17 litres.	

Le pèse-sirop marquait 9 degrés.

27 Novembre.

Les 70 kilog. cannes brutes, cueillies le 26, ont donné :

Feuilles..............	10 k.	400 g.
Nœuds..............	14	100
Paille..............	19	200
Résidus..............	12	300
Jus..............	16 litres.	

Le pèse-sirop marquait 8 degrés.

La gelée que nous avons eue dans les premiers

(1) Les 15 litres de jus ont rendu 1 kil. 500 gr. sucre brut.

jours de décembre est venue interrompre nos travaux.

Nous avons donc obtenu, sur 2 ares 94 centiares, 179 litres de jus, qui ont rendu 30 kilog. de sucre brut. Le poids du litre de jus variait entre un kilog. et un kilog. 60 grammes (1).

Les cannes pesaient brutes 927 kilog. 640 gr., se défalquant de la manière suivante :

174 k.	640 gr.	de feuilles.
155	440	de nœuds.
196	280	de paille.
141	627	de residus.

Maintenant, si de 927 kilog. 640 gr., poids total des cannes brutes, nous enlevons 667 kilog. 987 gr., total du poids des feuilles, pailles, nœuds et résidus, il nous restera, pour le poids du jus, 259 kilog. 653 gr.

Mais le poids du litre de jus varie entre 1 kilog. et 1 kilog. 60 gr. La moyenne est donc 1 kilog. 30 grammes, qui, multipliés par les 179 litres de jus, donneraient 184 kilog. 370 gr.

Il y a donc, pour la récolte totale, perte de 75 kilog. 653 gr., qui serait due soit à l'eau contenue dans les feuilles lorsqu'elles ont été cueillies, soit à

(1) Une erreur de typographie nous avait fait dire dans notre première édition, que le poids du jus variait entre 860 grammes et un kilog. Cette erreur tombait sous les sens.

d'autres pertes, qui peuvent s'expliquer quand on pense que nous étions privé des appareils nécessaires pour opérer sans aucun déchet.

D'après le rendement ci-dessus, l'hectare, complanté en cannes à sucre de la Chine et soigné ainsi que nous l'avons indiqué, rendrait :

31,509 kilog. de cannes brutes, lesquelles donneraient :

1,019 kilog. de sucre brut ;

82 litres eau-de-vie à 35 degrés centigrades obtenus par la fermentation des résidus ;

4,809 kilog. de bagasses ayant servi à faire l'eau-de-vie ci-dessus désignée, et utile à la fabrication de notre papier breveté ;

47 hectolitres 36 litres de graines ;

6,666 kilog. de paille propre aux usages que nous avons indiqués dans notre brevet ;

5,279 kilog. de nœuds, lesquels sont utiles soit à la fabrication du vinaigre, soit à des teintures brevetées ;

5,932 kilog. de feuilles servant, soit à la nourriture des bestiaux, ou plutôt à l'extraction des teintures, qui, nous le pensons, seraient d'un meilleur profit. Si l'on voulait en retirer de l'alcool, on aurait, sur le même espace de terrain, 6,079 litres environ de jus.

4 litres 1/2 de jus que nous avons laissé reposer pendant 12 heures, nous ont donné 3 grammes 1/2 de fécule. On pourrait donc, en employant ce procédé, obtenir, par hectare, 4 kilog. 680 grammes de fécule.

Les résidus contiennent différentes substances utiles à plusieurs usages.

Nous passons sous silence les substances tinctoriales ou autres, que l'on peut retirer de la canne à sucre de la Chine, qui y sont en très-grande abondance, et pour lesquelles ont pourrait employer les cannes gelées. Leur place est dans le second volume.

Les résidus de la distillation des bagasses, qui ont fourni les 82 litres d'eau-de-vie ci-dessus désignés, pèsent, par hectare, 5,818 kilog. 180 gr.

Depuis la publication de notre premier travail, nous avons fait cultiver la canne à sucre de la Chine dans diverses localités, et nous devons dire, à la louange des agriculteurs, que beaucoup se sont empressés de répondre à notre appel, en nous apportant les produits qu'ils avaient obtenus. Nous allons passer en revue ces divers rendements.

M. Deleuil (Amable), propriétaire à Vitrolles nous apporta, le 12 novembre 1856, 4 paquets de, cannes cultivées dans divers terrains de ses propriétés.

Le premier paquet contenait deux divisions ; les unes avaient été faites à raies et les autres parmi des tomates.

Le numéro 1 pesait 2 kilog. 400 gr. ; les cannes étaient grêles, atteignant à peine 2 mètres ; elles avaient été gelées ; passées avec la peau et les nœuds à la presse en fer dont nous avons parlé ci-dessus, elles ont rendu 1 décilitre 1/4 de jus.

Les cannes du paquet 1 b. étaient de la même longueur que les précédentes ; mais elles étaient plus épaisses et plus mûres. Elles pesaient brutes, 2 kilog. 500 grammes, qui ont donné :

Nœuds..........	500	grammes.
Paille..........	900	»
Résidus..........	900	»
Cérosie..........	7	décigrammes.
Jus..........	1	double décilitre.

Le second fagot était venu dans un endroit sec, mais dans un bon terrain ; les cannes étaient privées de fût, elles avaient 1 mètre 30 cent., 1 mètre 40, 1 mètre 50 cent. de longueur ; il n'y avait pas de cannes bien mûres ; les unes étaient en graines et quelques autres en fleurs. Le fagot pesait 11 kilog., qui ont donné :

Nœuds..........	2 k. 600 gr.
Paille...........	2 700
Résidus.........	2 100
Mauvais bois.....	» 400
Cérosie.........	7 décigr.
Jus.............	1 litre 1/2.

Le pèse-sirop marquait 8 degrés.

La troisième partie des cannes avait été faite dans un champ de tomates ; elles n'étaient pas mûres, et pesaient un kilog. 800 gr., qui ont donné :

Nœuds..........	500 grammes.
Paille...........	700 »
Résidus.........	450 »
Jus.............	1 décilitre.

Nous avons obtenu des jus ci-dessus 99 grammes sucre, prêt à cristalliser ; mais la cristallisation n'a pas eu lieu, ce qui tenait à ce que les cannes n'étaient pas mûres. Nous avions traité ce jus par le procédé recommandé par M. le comte de David Beauregard.

M. Joseph Mieux, propriétaire à Vitrolles, nous fit apporter un paquet de cannes brutes, pesant 6 kilog. Ces cannes avaient acquis un beau développement et étaient parfaitement mûres ; elles contenaient de la cérosie, ainsi qu'on le voit dans le décompte suivant, et étaient pourvues de leurs feuilles.

6 kilog. de cannes ont donné :

Feuilles.	850 gr
Nœuds.	925
Paille.	1 k. 250
Résidus.	1 700
Cérosie.	7 décigrammes.
Jus.	demi-litre.

Le pèse-sirop marquait 9 degrés.

Nous avons obtenu 81 grammes sucre prêt à cristalliser ; la cristallisation a été longue, mais elle s'est bien opérée.

M. Joseph Roman, propriétaire à Vitrolles, nous a envoyé, le 28 novembre 1856, 3 kilog. de cannes cueillies depuis deux mois environ ; elles étaient privées de leur fût et des feuilles. Elles contenaient 7 décigrammes de cérosie ; vu l'état de sécheresse dans lequel elles se trouvaient, nous pensâmes qu'il valait mieux les couper en morceaux ; nous fîmes ensuite bouillir les tronçons dans un chaudron en cuivre, avec addition de 10 litres d'eau. Quand elles eurent bouilli pendant 3 heures, nous les passâmes à la presse, et il en sortit 2 litres de jus marquant 7 degrés au pèse-sirop. Quant à l'eau contenue dans le chaudron, qui comprenait 2 litres 3 décilitres, marquant 4 degrés au pèse-sirop, nous la joignîmes au jus obtenu par la presse. Le tout nous a fourni 180 grammes de sucre qui a bien cristallisé.

M. Gueydon, propriétaire dans la même commune, nous apporta, le 1er décembre, des cannes cueillies depuis le 14 novembre; elles étaient parfaitement mûres, et pesaient, brut, 8 kilog. 800 grammes. Le litre de jus pesait 1 kilog. 700 gr.

Les 8 kilog. 800 grammes ont donné :

Feuilles.........	1 k. 200 gr.
Nœuds..........	2 »
Paille...........	2 300
Résidus.........	1 600
Cérosie..........	4 décigr.
Jus.............	1 litre 1 décilitre.

Le pèse-sirop marquait 9 degrés.

Nous en avons obtenu 124 gr. de sucre qui s'est fort bien cristallisé.

Nous passons sous silence le rendement de nos cannes, qui se trouvent dans les mêmes conditions que celles des propriétaires dont nous venons de parler.

Nous avons reçu, le 23 novembre 1857, de M. Ambroise Imbert, propriétaire à Berre, des cannes d'une superbe venue, mais pas complètement mûres; elles étaient cueillies depuis 15 à 20 jours. Le litre de jus pesait 1 kilog. 56 gr.

Le même jour, nous en avons pesé 100 kilog. brut, qui, réduites à la simple moëlle, pesaient 44 kilog. 940 grammes ; rendement, 15 litres 1/2 de jus, marquant 10 degrés au pèse-sirop. Ces cannes étaient venues dans une bonne terre et avaient été soignées et fumées avec du tourteau.

103 kilog. de cannes brutes, venues chez le même propriétaire, mais dans un autre terrain, ont donné net 52 kilog. 550 gr. et rendu 20 litres de jus, marquant 8 degrés au pèse-sirop et produisant un kilog. de sucre brut.

Nous avons pris 42 kilog. des mêmes cannes et les avons soumises à la presse, en les coupant en morceaux, sans leur enlever les nœuds ni la peau. Nous avons obtenu ainsi 10 litres de jus, marquant 7 degrés au pèse-sirop. Ce jus n'a pu donner du sucre cristallisé, ce qui vient à l'appui de notre opinion que pour obtenir du sucre de bonne qualité, il faut n'avoir recours à aucun ingrédient; il est urgent de priver la moëlle de ses nœuds et de sa peau; il faut aussi que ces cannes soient bien mûres.

M. Icard, propriétaire à Vitrolles, nous a transmis des cannes qu'on avait récoltées dans ses propriétés. Ces cannes n'étaient pas mûres; la plupart étaient gelées; elles avaient été semées au milieu du mois de mai, à raies et très-serrées. On les avait cueillies à la fin de novembre 1857, et nous avons expérimenté sur elles le 11 décembre, choisissant celles qui étaient les plus mûres.

100 kilog. de ces cannes, coupées en morceaux et soumises à la presse, sans enlever les nœuds et la peau, nous ont donné 32 litres de jus, marquant 8 degrés au pèse-sirop. Nous n'avons pu obtenir du sucre cristallisé ; mais le sirop pouvait servir à faire de la confiture.

Quatre jours après cette expérience, 30 kilog. de ces cannes nous ont donné 6 litres de jus marquant 5 degrés au pèse-sirop.

Nous avons traité aussi des cannes qui étaient venues dans la même contrée, sur le bord de la mer ; ces cannes, qu'on avait laissées sur pied après avoir enlevé le fût et la graine mûre, commençaient à pousser des rejetons, quand on les a cueillies; elles nous ont donné du jus de mauvaise qualité et marquant 5 degrés au pèse-sirop.

Il résulte de nos nouvelles expériences, que la canne à sucre de la Chine réussit sans arrosement et donne partout de bons produits, quand on a eu le soin de la semer en temps opportun et de la laisser mûrir convenablement.

Nous demandons à tout homme d'intelligence, à ceux qui ont vieilli dans les études agronomiques et industrielles, existe-t-il une plante qui puisse donner des produits aussi abondants et aussi variés? S'il n'en existe pas, dites, avec nous, que l'introduction de cette graminée est une fortune pour la France.

CHAPITRE XI.

Etudes sur la canne à sucre de la Chine considérée comme nourriture des animaux.

> La nature est vassale, l'homme est souverain, et c'est Dieu lui-même qui a écrit et confirmé les titres de cette souveraineté incontestable.
> Mgr LANDRIOT.

Dans les chapitres précédents, nous avons considéré le sorgho sucré comme une plante utile pour l'homme. Nous nous occupons dans ce moment de ce végétal au point de vue de l'alimentation des animaux.

Le fourrage produit par la canne à sucre de la Chine est d'excellente qualité : tous les animaux le mangent avec plaisir.

Les chevaux, les vaches, les chèvres et autres animaux le mangent avec la plus grande avidité, même quand la canne est parvenue à complète maturité. Nous avons essayé de laisser sur pied pendant l'hiver des plantes qui avaient 50 centimètres de hauteur; au mois d'avril, nous les avons coupées, quoiqu'elles fussent gelées depuis longtemps, et ce n'est pas sans étonnement que nous avons vu tous les animaux les manger avec plaisir.

Les cannes gelées sur pied, celles qui sont détériorées de quelque façon que ce soit, peuvent servir à la nourriture des chevaux, des mulets, des vaches, etc. Nous avons expérimenté sur des cannes qui avaient trois années d'existence et qui semblaient complètement gâtées, et cependant elles ont été mangées avec avidité par le cheval et la chèvre.

Si l'on considère cette plante comme fourrage et si on la cultive dans ce but, on doit employer les engrais animaux; car dans ce cas, ce n'est pas la plus ou moins grande quantité de sucre qui peut être contenue dans la plante, et son mode d'extraction plus ou moins facile que l'on recherche, mais bien le plus grand luxe de végétation qu'il soit possible de développer.

Nous avons démontré précédemment que les arrosements abondants développaient dans le sorgho sucré des gommes et des principes féculents qui nourrissent beaucoup les animaux ; à ce sujet, qu'il nous soit permis de raconter un fait qui nous est arrivé et qui prouvera la vérité de notre assertion.

Nous avions acheté une mule et l'avions soumise à l'usage des cannes de sorgho comme notre cheval ; le lendemain, la personne chargée de la soigner nous fit part de ses craintes au sujet de la santé de cette bête. « Je lui ai donné, disait-elle, du sorgho hier au soir, et aujourd'hui elle n'a rien voulu manger, j'ai peur qu'elle ne soit malade. » Quelques heures après, la mule avait recouvré son appétit. C'est que, n'étant pas habituée à ce genre de nourriture, elle avait été rassasiée beaucoup plus que par la ration habituelle. Cette plante est donc excellente pour la nourriture des animaux.

On doit semer à la volée dans les cas où l'on doit cultiver la canne à sucre de la Chine comme fourrage. La graine étant répandue sur le sol avec le fumier, on fait passer la charrue et l'on n'a plus à s'occuper de sa récolte, si ce n'est au moment où l'on veut la couper.

Un semis fait de cette façon, le 8 juillet 1857, sans fumier et sans arrosement, avait acquis, à la fin du mois d'octobre, une hauteur de 70 centimètres, quand la gelée est venue interrompre sa croissance. Nous avons obtenu en fourrage sec, 4,000 kilog. à l'hectare.

M. d'Ivernois, membre de la Société Impériale d'Acclimatation, a obtenu cinq coupes très-abondantes dans un terrain non arrosé.

M. Rivière a récolté dans le département de l'Ain 200 quintaux de ce fourrage desséché.

M. le comte de David Beauregard a nourri (1), presque exclusivement, pendant un mois et demi soixante têtes de gros bétail, avec le produit d'un hectare, qui avait porté du sorgho à sucre l'année précédente, et qui, par une circonstance indépendante de la volonté de cet honorable confrère, n'avait pu être semé à nouveau, et avait reçu un labour sans engrais. C'était pendant le mois de juillet et la moitié du mois d'août, époque où les bestiaux sont ordinairement à court.

Les volailles de toute espèce mangent la graine de canne à sucre de la Chine avec plaisir; on doit leur donner celle de 3e qualité, comme nous l'avons indiqué ci-dessus.

Quelques personnes ont trouvé que cette graine n'était pas appétée par toutes les volailles. Il en est

(1) Rapport de M. le comte de David Beauregard au Comice agricole de Toulon, sur l'alcoolisation du jus de sorgho à sucre Toulon, 1857.

de cette graine comme de toute autre ; nous avons essayé, dans notre basse-cour, de remplacer une graine par une autre : ainsi, après un certain temps, au lieu de mauvais blé, nous avons donné de l'avoine, substitué ensuite à celle-ci du maïs, remplacé par le sorgho. A chaque substitution, les volailles sont restées un ou deux jours sans vouloir manger la nouvelle nourriture qu'on leur donnait. On voit donc par cet exemple, que le sorgho n'est pas la seule graine qui se trouve dans cette catégorie.

Il est d'observation pour nous que les gallinacés nourris exclusivement de graines, perdent l'appétit et maigrissent, si l'on n'a pas le soin de leur donner du son pétri.

La graine demande pour être digérée un travail de trituration de la part de l'estomac, qui finit par faire tomber les gallinacés dans une espèce de phthisie. On répondra qu'à l'état de nature il n'en est pas ainsi? C'est-à-dire que, dans ce cas, les gallinacés ne se nourrissent pas d'un seul aliment. Nous avons ouvert souvent le gésier de poules et canards vivant en liberté, et nous nous sommes assuré qu'il contenait toujours en proportion plus de vers, herbages et autres aliments que de graines.

Nous avons vu des poules, nourries exclusivement d'avoine ou de blé, cesser de faire des œufs et maigrir, tandis que, en leur donnant ensuite une nourriture variée, elles revenaient à la santé et pondaient de nouveau. Il en est des animaux comme de l'espèce humaine : une nourriture exclusive, de quelque nature qu'elle soit, perd l'estomac.

La graine de canne à sucre de la Chine nourrit beaucoup les gallinacés ; aussi en consomment-ils moins que des autres aliments ; nouvelle cause d'erreur, qui fait supposer que ces animaux ne mangent pas bien cette nourriture. On peut s'assurer qu'ils s'en sont repus par la couleur de leur déjection.

Les semoules qu'on retire de la mouture servent de nourriture aux cochons, et sont mangées avec plaisir par les autres animaux ; quand on veut pousser à l'engraissement, on doit la délayer dans l'eau chaude, comme toute autre farine, car c'est une erreur grossière de penser que les farines nourrissent bien sans les délayer dans l'eau bouillante (1). Celle-ci fait subir aux farines un premier

(1) Il faut d'abord délayer dans l'eau froide la farine destinée à la nourriture des animaux, on ajoute peu à peu l'eau bouillante, en ayant le soin de tourner toujours. Il faut faire manger tiède, et quand il s'agit des cochons, on doit se servir, pour délayer la farine, des eaux grasses du ménage ; c'est le moyen d'économiser une grande quantité de nourriture.

degré de digestion qui diminue ainsi le travail de l'estomac des animaux, et leur permet d'en prendre une plus grande quantité ; de là, engraissement plus prompt et plus économique ; puisque la proportion n'existe pas entre le temps nécessaire pour l'engraissement et la quantité de nourriture prise.

Les chevaux et tous les animaux mangent la graine avec avidité, elle peut sous ce rapport remplacer l'avoine, les fèves et maïs.

Nous avons expérimenté sur les gallinacés pour savoir si la graine de sorgho nourrissait plus que celle de maïs. Voici le résultat de nos études :

Dans les excréments rendus après avoir fait usage du maïs, on retrouve, non digérée, toute la partie jaune de cette graine, il n'y a de digéré que le point central qui est blanc. Dans le sorgho, au contraire, on rencontre seulement les cupules des graines, tout le reste a été complètement digéré. On retrouve aussi l'enveloppe jaune qui recouvre la partie féculente de la graine.

Si l'on donne au cochon les tiges de sorgho, il en exprime le jus et laisse les résidus. M. Bonnet (1) emploie la racine de canne à sucre de la Chine à la nourriture de ces animaux ; il les fait bouillir com-

(1) Bulletin de la Société d'Agriculture de Vaucluse, octobre 1857.

me des pommes de terre. Cette nourriture a été prise par de jeunes cochons ; il paraît que les vieux n'en ont pas voulu. On doit répéter ces essais.

Nous croyons être dans le vrai en disant que, au point de vue de la nourriture des animaux, il est peu de plantes que l'on puisse assimiler à la canne à sucre de la Chine.

CHAPITRE XII.

Extraits de divers ouvrages, et remarques qu'ils nous ont suggérées.

> .... Attendons pour juger.
> Quel est celui de nous qu'on ne pourrait charger ?
> On est prompt à ternir les choses les plus belles.
> La louange est sans pieds et le blâme a des ailes.
>
> VICTOR HUGO.

Notre but, en écrivant ce chapitre, est d'apprécier, à leur juste valeur, les travaux qui ont été faits sur la canne à sucre de la Chine.

Nous nous sommes rappelé les leçons pleines de charme du vénérable M. Lordat, professeur de physiologie à la Faculté de Médecine de Montpellier, et nous avons suivi les préceptes contenus dans les paroles suivantes :

« Après avoir puisé différents sucs dans le calice « et la corolle des fleurs, l'abeille se les approprie, « les élabore, et en compose bientôt, à sa ma- « nière, un miel qui lui est propre et qui lui ap- « partient. »

Nous puiserons, dans les ouvrages publiés, la partie la plus substantielle ; semblable à l'abeille, nous nous les approprierons, nous les élaborerons de notre mieux, et nous tâcherons d'en retirer un miel qui soit utile à nos lecteurs.

Lors de la publication de la première édition de notre ouvrage, peu de personnes avaient écrit sur la canne à sucre de la Chine ; mais depuis ce temps, on a publié beaucoup de travaux se rapportant à cette plante précieuse. Nous croyons donc utile de diviser ce chapitre en deux parties : dans la première, nous nous occuperons des auteurs qui ont expérimenté en France ; dans la seconde, nous parlerons de ceux qui ont expérimenté en Algérie. Nous suivrons dans cette étude l'ordre chronologique.

Nous ferons précéder ce travail de quelques extraits du mémoire sur l'*Olchus* de Cafrerie (1), publié en 1811, par Louis Arduino :

Après avoir parlé du choix, de l'exposition des

(1) Voir *Revue Horticole des Bouches-du-Rhône*, janvier 1857, page 100 et suiv.

terrains et des préparations nécessaires pour leur faire produire l'olchus de Cafrerie, l'auteur passe aux usages économiques de la graine, qu'il considère comme supérieure à celle de toutes les espèces de maïs. S'occupant ensuite de la récolte des cannes, il pense qu'on doit couper celles-ci tout près de la racine.

« Une fois les cannes coupées, on les met à l'a-
« bri pour les dépouiller de leurs feuilles, et on les
« place debout autour des murailles de la grange,
« qui doivent être bien sèches. Ainsi placées, on
« n'a pas à craindre que la substance sucrée fer-
« mente ou s'aigrisse même pendant plusieurs
« jours. »

Ce mode de conservation des cannes se rapporte parfaitement à ce que nous avons fait pour la conservation de la canne à sucre de la Chine.

Passant à la fabrication du sirop, l'auteur dit :

« L'on prend environ 400 livres de cannes, on en
« coupe la partie supérieure à deux pieds au-dessous
« de la cime, laquelle ordinairement est plus aqueuse
« que douce, surtout quand l'été est en retard, ou
« qu'il n'a pas fait la chaleur habituelle. Les Améri-
« cains font aussi la même opération sur les cannes
« à sucre, avant de les apporter au moulin pour en
« extraire le sirop. Ensuite, avec des couteaux

« tranchants, on en ôte l'écorce, gardant seulement « la partie charnue ; on coupe les cannes, ainsi pré- « parées, en menus morceaux, et on les pile dans « de grands mortiers de marbre. Une fois réduites « en pâte, on les met dans des sacs, et on les passe « au pressoir. La pâte, ainsi pressée, se broie de « nouveau ; on la remet dans le pressoir, et le suc « ainsi obtenu se passe au tamis à crin serré. »

On remarquera que l'auteur recommande d'enlever l'écorce et de garder seulement la partie charnue ; cette manière d'opérer est identique avec ce que nous n'avons cessé de faire. On peut se dispenser de faire subir l'opération du pilage, car avec les presses que nous possédons aujourd'hui, la canne, réduite à sa pulpe, ne demande aucune autre préparation pour rendre tout son jus.

« On verse le suc dans une chaudière de cuivre, « bien étamée, et on lui donne un léger degré de « chaleur ; on y jette dedans de la poudre de mar- « bre, dans la proportion de deux onces environ « pour cent livres de suc. Alors, on augmente l'in- « tensité du feu, et on fait bouillir pendant 5 ou 6 « minutes, après quoi on retire la chaudière, et on « verse le suc, ainsi saturé, dans un baquet de bois « de pin, de figure conique, à fond concave, ayant « deux robinets, l'un placé au bas, et l'autre vers

« la moitié. On le laisse déposer pendant 24 heures ;
« après on extrait le suc au moyen du robinet su-
« périeur, en le faisant tomber dans la chaudière.
« On ouvre ensuite le robinet inférieur, et on laisse
« encore couler le jus tant qu'il sort à l'état clarifié.

« Le dépôt se passe au filtre trois fois, et, entre
« la première et la seconde opération, on laisse un
« intervalle de 24 heures. Enfin on le réduit, par la
« cuisson, à l'état de sirop, qui peut servir à tous
« les usages. »

Nous donnons le mode d'opérer de M. Arduino pour la saturation du suc; on a vu par ce que nous avons dit précédemment, que cette opération n'est pas indispensable et que l'on obtient de la canne à sucre de la Chine du sucre parfaitement cristallisé, sans qu'on lui fasse subir toutes ces préparations.

« Le suc se clarifie avec des blancs d'œuf (14 ou
« 16 p. 100 livres de suc). Ces blancs d'œuf se dé-
« laient avec un peu de suc, en les remuant avec un
« blutoir. Ensuite, on verse cette mixture dans le
« chaudron qui contient le suc, et en ayant le soin
« de bien remuer le tout. La liqueur ainsi préparée,
« on remet le chaudron sur le feu, et on la fait
« bouillir ; aussitôt que l'on voit remonter à la sur-
« face les blancs d'œuf avec l'écume et que le suc
« est clarifié, on le filtre au moyen d'un drap blanc.

« Ainsi clarifiée, on met la liqueur sur un petit feu, « on la remue avec un blutoir, en l'écumant, s'il « y a lieu, et lorsqu'elle est réduite à moitié, on « l'ôte du feu en la transvasant dans les baquets « coniques, et en la laissant reposer dans un endroit « aéré pendant quatre jours.

« Les quatre jours écoulés, on ouvre le robinet « supérieur, laissant couler la liqueur dans un « baquet ou dans des grandes terrines vernies. En-« suite, on ouvre le robinet inférieur pour laisser « couler ce qu'il reste de liquide, jusqu'à ce qu'il « soit clair. L'on passe au filtre, encore une fois, « le liquide, et on le verse ensuite dans des cuvettes « ou poêles de cuivre étamées, afin que la liqueur « puisse s'évaporer plus facilement et se réduire « plus vite à la condensation nécessaire.

« Le dépôt qui restera au fond de la cuvette sera « filtré deux fois, et on pourra le joindre ensuite à « la liqueur, pourvu qu'elle soit parfaitement cla-« rifiée.

« Dans cette dernière opération, il faut un grand « feu de bois et un fourneau construit de manière « à ce que la flamme ne touche que le fond de la « terrine ou de la poêle. Afin d'accélérer la conden-« sation du sirop, et pour éviter que la liqueur ne « s'attache aux parois de la poèle et qu'elle ne se

« noircisse ; il est indispensable de la remuer conti-
« nuellement avec un blutoir de bois. Quand la li-
« queur est suffisamment condensée, on la verse
« dans des pots de cuivre étamés, que l'on immerge
« dans l'eau froide.

« Voici maintenant le procédé pour obtenir la
« cristallisation du sirop. Une fois qu'il est refroidi,
« on le verse dans des terrines de faïence ; on le
« couvre avec de la toile fine et on le place dans un
« endroit frais et sec. Je ne puis pas dire au juste le
« temps que la cristallisation exige ; mais, d'après
« mes observations, je puis affirmer que, de six
« onces de sirop mis dans des terrines (novembre
« 1809), j'ai vu d'abord commencer la cristallisa-
« tion tout autour des parois, ensuite à la surface
« du sirop et successivement jusqu'au fond de la
« terrine. Sur la fin de juin 1810, j'ai passé, à tra-
« vers de la toile claire, le résidu du sirop, et la
« partie cristallisée obtenue était de deux onces et
« demie. Des hommes spéciaux ont goûté le sucre
« obtenu par le procédé susdit, et l'ont trouvé iden-
« tique au sucre américain. »

Si nous transcrivons la manière dont l'auteur clarifiait ses sucs et les concentrait, c'est parce que nous pensons qu'il est utile de faire voir quels étaient les modes d'opérer de cette époque ; nous pensons que notre procédé est beaucoup plus simple et qu'il astreint à beaucoup moins de peine, tout en parvenant au même but.

Le simple filtrage à travers la chausse ou les tamis en fil de cuivre que nous possédons aujourd'hui, suffisent pour remplacer une grande partie de la main-d'œuvre que M. Arduino était obligé d'employer.

Il paraît que plus tard l'auteur employa pour clarifier son sucre un moyen identique à celui que nous avons mis en usage, et qui lui a aussi bien réussi. Nous citons :

« J'ai versé 2 livres de sirop dans une cuvette de « cuivre étamée, et au moyen d'une légère ébulli« tion, je le fis évaporer jusqu'à ce qu'une goutte « dudit sirop collât entre mes doigts. Réduit à ce « point de cuisson, j'ai transvasé le sirop dans une « terrine vernie en le remuant avec un blutoir jus« qu'à ce qu'il fût entièrement refroidi. Je le fis re« poser pendant cinq jours, après lesquels j'ai re« mué encore une fois le sirop pendant une heure, « et ensuite je l'ai laissé reposer dans un endroit à « l'abri de la poussière. Après quelques jours de cette « dernière opération, j'ai retrouvé le sirop cristal« lisé. Alors je le mis dans un petit sac de toile claire, « assez forte cependant pour laisser écouler, dans

« un pot de faïence, le sirop qui n'était pas en-
« core cristallisé. Cette opération achevée, je mis
« le petit sac sous un pressoir jusqu'à ce que je
« fusse parvenu à en tirer tout le liquide (1).

« Cela fait, j'ai ouvert le sac, j'en ai recueilli, avec
« soin, la partie cristallisée qu'il renfermait ; je la
« mis sur une table et je l'humectai avec de l'eau en
« la remuant. Ensuite, je mis ce sac une seconde
« fois sous le pressoir, ayant soin de bien le laver
« d'abord pour en ôter le sirop dont il était imbibé
« par suite de la première opération.

« Après cette seconde opération, j'ai ôté le sucre
« du sac, je le mis dans du papier bleu pour le faire
« sécher, auprès d'un petit calorifère, où je l'ai
« laissé pendant 24 heures. Après quoi, je l'ai placé
« encore une fois sur la table où, au moyen d'un
« rouleau en bois, je le broyai.

« Par un tel procédé, j'obtins du sucre grège en
« poudre, très-doux et du même goût que le sucre
« d'Amérique.

« Je fis concentrer, en la fesant évaporer jus-
« qu'au point sus-indiqué, l'eau imbue de sirop ou
« de sucre en dissolution, obtenue par le second
« pressage, c'est-à-dire jusqu'à ce qu'elle collât

(1) Ce sirop peut être soumis à la même opération pour en obtenir du sucre.

« entre l'index et le pouce, et j'ai suivi jusqu'au « bout le même procédé. Après quelques semaines, « j'ai trouvé aussi ce second sirop en grande partie « cristallisé ; et, suivant la méthode susdite, j'en « obtins du sucre aussi bon que le premier.

« J'ai essayé encore de la méthode suivante : J'ai « concentré cette eau sucrée jusqu'au 35me ou 36me « degré de l'aréomètre (bouillant), et j'en obtins un « excellent sirop de sucre colonial.

« Afin de purger et de rendre fin le sucre grège « de l'*Olchus*, pour qu'il soit semblable au sucre « américain, il faut :

« Etendre encore une fois le sucre sur une table « et l'arroser avec de l'esprit de vin en proportion « d'un dixième du poids du sucre, en le remuant « avec une spatule pour qu'il puisse s'imbiber de « l'alcool ; ensuite le remettre dans le sac et le sou- « mettre à une troisième pression ; puis, dans un « calorifère, où on le laisse pendant une journée. « Le lendemain, on le broie dans un mortier de « marbre et on l'expose à l'action de l'air et du so- « leil pour qu'il puisse sécher parfaitement (1). »

Le mode de raffinage par l'alcool peut sans doute être employé, mais nous pensons qu'on obtiendra

(1) L'esprit de vin que l'on a employé la première fois, peut servir encore si l'on a eu le soin de le distiller.

par la condensation du jus à la vapeur, des sucres presque aussi beaux que les raffinés.

Nous avons tenu à faire connaître les travaux de M. Arduino, quoique rien ne prouve qu'il ait fait ses expériences sur la canne à sucre de la Chine; il est évident, par les résultats que nous avons obtenus, que la plante sur laquelle a expérimenté cet honorable savant, était de la même famille que celle qui nous occupe aujourd'hui.

Etudes sur les publications faites en France.

M. Louis Vilmorin a été un (1) des premiers à s'occuper de la culture du sorgho sucré. Dans un travail publié en 1854, et inséré dans le *Journal d'Agriculture pratique* (2), cet honorable confrère décrivait la plante envoyée par M. de Montigny. Il l'avait cultivée en plein champ, à Verrières, en terre sableuse, de moyenne qualité. La surface cultivée était de 58 mètres 40 centimètres.

Le produit a été :

Tiges et feuilles.......	285 k.	400 g.
Effeuillées et étêtées...	179	250

(1) M. le comte de David Beauregard a antécédé, nous le pensons, les travaux de M. Vilmorin; peut-être ont-ils été faits conjointement.

(2) 20 décembre 1854, publié plus tard sous forme de brochure, chez Dusacq, librairie agricole de la *Maison rustique*, Paris, 1855.

Sur un autre lot de 5 mètres 32 centimètres, qui avait été élevé sur couche et la plantation faite en ligne, au commencement de mai,

Le rendement a été :

Tiges et feuilles.........	41 k.	110 g.
Tiges effeuillées et étêtées.	26	230

M. Vilmorin n'a pas extrait du sucre de cette plante, il a seulement fait quelques études au saccharimètre, études contrôlées par une évaporation et un traitement par l'alcool. Il résulte des travaux de cet honorable praticien qu'un hectare cultivé en sorgho sucré donne :

Tiges et feuilles..................	77,270 k.
Tiges nettes......................	49,300
Jus à 55 pour 100 du poids des tiges..	27,115 l[es] ou 271 h[es].
Sucre calculé à 8 pour 100 de jus.....	2,169 k.
Alcool absolu calculé à 63 pour 100 de jus..........................	1,708 litres.

Du reste, rien de particulier dans cette brochure.

M. le comte DE DAVID BEAUREGARD a plusieurs fois entretenu le Comice Agricole de Toulon du sorgho sucré et des résultats qu'il avait obtenus au point de vue de son rendement en alcool. En 1857, il a publié, sous forme de brochure (1), un rapport qu'il avait

(1) Rapport de M. le comte de David Beauregard au Comice agricole de Toulon, sur l'alcoolisation du jus de sorgho à sucre. — Eugène Aurel, Toulon, 1857.

présenté au Comice agricole de Toulon et qui traitait de l'alcoolisation du jus de sorgho à sucre. Ce travail est celui d'un homme consciencieux. Il résulte de cet écrit que « cette plante épuise et effrite le sol « à un bien moindre degré que beaucoup d'autres « plantes, puisque j'en ai récolté pendant trois ans « consécutifs, à la même place, avec une légère « fumure seulement chaque fois, et les récoltes ont « été de plus en plus belles. »

Nous devons laisser parler l'auteur pour savoir de quelle façon il traite ses jus afin d'en obtenir l'alcool.

« J'ai supprimé tout ferment (1) étranger au jus « de canne, et j'ai mis en cuve à une température « aussi rapprochée que possible de 10 degrés cen- « tigrades au dessus de zéro.

« Pour obtenir cette température, quand il fait « encore assez chaud, en septembre ou octobre, il « est bon de ne traiter que les cannes coupées de « la veille, et qui, placées debout contre un mur, « au nord, ont profité de la fraîcheur de la nuit. « Il convient aussi de faire arriver dans la cuve le « jus de la canne en un filet continu. On y dirige, « en même temps, un filet d'eau. Le diamètre de ce

(2) On voit que nous étions dans le vrai, lorsque nous disions que cette plante porte son ferment avec elle.

« filet d'eau doit être calculé pour que le mélange « des deux liquides marque 6° au glucomètre de « Baumé, et qu'il ne remplisse qu'un sixième de « la cuve par jour.

« Lorsque les froids sont venus, il faut chauffer « ce mélange pour obtenir la température initiale « de 10° centigrades. On chauffe alors l'eau ajoutée « et non le vesou. Il convient même, lorsque la « température du jus est au dessous de 10°, d'éle- « ver la température de l'eau de manière à ce qu'elle « fasse dépasser celle du mélange d'autant de degré « qu'il en a manqué au thermomètre pour en arri- « ver à ce point pendant la nuit qui a précédé la « mise en cuve.

« Malgré cette basse température, la fermenta- « tion commence dès le premier jour, et, grâce à la « manière dont elle s'établit et au mode d'alimen- « tation, elle se maintient douce et régulière, trans- « formant, tous les jours, en alcool un sixième du « sucre contenu dans la masse, et faisant gagner « 2° de chaleur à la température initiale (1), si bien « que, le septième jour, mes cuves, d'une conte-

(1) « C'est le matin, avant la reprise du travail, que l'on doit « surtout examiner la marche de la fermentation et la tempéra- « ture de la cuvée.

« Si elle n'a pas gagné au moins 2° de chaleur, depuis 24 heures, « on trouvera aussi que la transformation du sucre en alcool s'est

« nance de 10,000 litres, ne renferment plus qu'un « liquide marquant 0° au glucomètre de Baumé, et « 22° de chaleur au thermomètre centigrade.

« Le sixième jour, c'est-à-dire aussitôt que ma « cuve est remplie, je brasse toute la masse, pour « remettre en suspension tout ce qui peut rester « de ferment non utilisé.

« Le lendemain, la transformation est parfaite : « mon vin est fait; mais pour enlever à l'alcool un « petit goût particulier dû à la présence de certaines « huiles essentielles (1) qu'il contient, je projette, « ce jour-là, dans la cuve, deux kilogrammes de « chaux vive en poudre, préalablement hydratée « avec 20 litres d'eau, et je brasse encore vivement.

« La chaux s'unit aux huiles essentielles pour « former un composé insoluble qui se précipite.

« Nous laissons reposer deux jours, nous distil- « lons ensuite dans un appareil Derosme, et nous « obtenons un alcool 3/6 d'un goût agréable, rap- « pelant un peu celui du kirsch, à peu près autant

« ralentie, et l'on devra chauffer l'eau assez pour faire arriver la « masse au degré voulu ce jour-là.

« Ceci n'arrivera que lorsque la température extérieure sera « très-basse. On voit que le thermomètre et le pèse-moût sont deux « instruments dont on ne peut se passer. »

(1) On a vu précédemment que ces huiles essentielles étaient contenues dans les parties corticales de la canne; lorsque l'on décortique, ce goût n'existe plus.

« pour cent que le jus marquait de degrés au gluco-
« mètre de Baumé, soit ordinairement de 8 à 10
« p. 0/0. »

M. de Beauregard extrait le jus de ses cannes au moyen de cylindres lamineurs; il obtient par ce procédé un hectolitre de vesou par heure et par force de cheval.

On nous saura gré sans doute d'avoir reproduit quelques extraits de la brochure intéressante de M. de David Beauregard, et chacun applaudira à la Société Impériale Zoologique d'Acclimatation qui lui a décerné, cette année, une médaille de 1re classe, en récompense de ses travaux.

M. Vallarino cadet, qui a essayé la culture de la canne à sucre de la Chine dans les environs de Perpignan, a publié, sous le titre de *Essais et recherches sur le sorgho sucré du Nord de la Chine, géant des plantes utiles, dédiés à l'Agriculture, au Commerce et à l'Industrie*, une brochure dans laquelle il rend compte des résultats qu'il a obtenus. M. Vallarino est d'avis que la plante doit se cultiver en lignes espacées de 50 centimètres en tous sens; il adopte définitivement la distance de 40 centimètres dans un sens et 60 centimètres dans l'autre. Sous ce point de vue, les travaux de M. Vallarino appuyent les résultats que nous avons obtenus, ainsi que ceux mentionnés par M. Hardy.

Nous citons textuellement la brochure sus-mentionnée :

« L'hectare de terrain donne 40,000 plants, ces « 40,000 plants, en prenant un minimum de trois « tiges par plant, donnent 120,000 tiges et natu- « rellement autant d'épis, qui, pesant minimum « 50 gr. chacun, fournissent 6,000 kilog. de grai- « nes ; en supposant, en outre, que chaque épi « donne 2,500 grains, les 120,000 fourniront, ap- « proximativement, 90 hectolitres.

« Le poids brut des 120,000 tiges, à 500 gram- « mes chacune, est de 60,000 kilog., d'où 10,000 « kilog. de fourrage frais ; il reste donc 50,000 kil. « de cannes qui donnent de 25 à 30,000 kilog. de « jus. Les 6,000 kilog. de graines donnent, en blé, « 5,000 kilog. et en pellicules propres à la teinture, « 1,000 kilog. »

Ce rendement nous paraît très-considérable ; il est à craindre que cet honorable agriculteur n'ait fait erreur dans quelques-unes de ses appréciations. Ce qui nous fait penser qu'il en est ainsi, c'est que dans une autre partie de sa brochure, M. Vallarino dit :

« Cependant, les résultats obtenus, quelque in-

« times qu'ils aient été, nous ont permis de calcu-
« ler, avec quelque vraisemblance, que nous pour-
« rions obtenir, en minimum, 40,000 plantes par
« hectare, pesant de 60 à 70,000 kilog. »

Il s'en suivrait donc, d'après cet aveu, que le travail dont nous parlons est un calcul basé sur une très-faible échelle.

Les rendements que nous avons obtenus sont, de beaucoup, inférieurs à ceux de M. Vallarino ; cependant, notre rendement en graines est de beaucoup supérieur à celui de l'Algérie ; si nous le comparons à celui que M. Vallarino a obtenu, nous le trouvons bien inférieur à ce dernier.

Nous n'avons récolté, en effet, que 47 hectolitres 57 litres de graines, pesant 3,090 kilog. ; c'est donc le double environ que M. Vallarino prétend avoir obtenu. La production de cannes serait de peu inférieure à celle de l'Algérie. L'hectare fournit 83 mille 250 kilog. de tiges saccharines en Algérie, et on en aurait obtenu 50,000 kilog. à Perpignan. Le rendement en jus serait plus fort en Algérie qu'à Perpignan. On aurait obtenu 7 p. 0/0 de moins dans cette dernière localité.

Il est à regretter que le jus n'ait pas été soumis au glucomètre. Quant aux cupules de graines, elles seraient dans la proportion de 17 kilog. pour 100 kilog. de graines chez M. Vallarino, et de 27 pour cent chez nous.

Quant à l'opinion émise par M. Vallarino, relativement au gluten qui prédomine dans la farine des graines de la canne à sucre de la Chine, elle est infirmée par nos expériences, qui prouvent que cette farine est presque complètement privée de gluten.

M. Vallarino a remarqué que « un peu de farine « enfermée dans un cornet, a laissé, après y avoir « séjourné pendant trois jours, une grande trace « d'huile sur le papier dont il a été presque imbibé. » Nous ne partageons pas l'espoir de cet expérimentateur sur l'avantage qu'on pourrait retirer de cette substance. Jamais nous n'avons pu obtenir trace d'huile quand nous nous sommes servi de farine parfaitement blutée. Mais si l'on enferme dans un papier la décomposition du gros son venu du moulin, l'on verra de suite ce phénomène se produire. Le principe huileux est contenu dans l'enveloppe qui est immédiatement en contact avec le périsperme. Il y est en si petite quantité, que le sésame et l'arachide ne risquent pas d'être détrônés par la canne à sucre de la Chine.

M. Vallarino nous a transmis un échantillon d'un

produit qu'il a obtenu dans le cours de ses expériences, par les procédés ci-dessous :

« Nous mîmes, après fermentation, 300 kilog.
« de cannes, écrasées au marteau, dans la chau-
« dière où, d'ordinaire, nous faisions distiller les
« marcs de raisin. Nous prîmes ensuite 50 litres
« d'eau de la chaudière, que nous fîmes refroidir.
« Au bout d'un certain temps, nous remarquâmes à
« la surface du liquide, ainsi qu'aux parois internes
« du vase qui le contenait, une couche de tartre;
« en le recueillant avec soin, nous en trouvâmes
« 55 grammes. La chaudière qui contenait six hec-
« tolitres d'eau, nous en avait donc donné, toute
« proportion gardée, 660 grammes, quantité trop
« minime pour que ce fait ait quelque importance. »

Tout nous porte à penser, d'après les expériences auxquelles nous avons soumis l'échantillon, que ce produit est de la silice. Déjà, nous avions obtenu pareil résultat ; mais notre produit contenait du fer, et il n'y en a pas trace dans la substance obtenue par M. Vallarino. Ces produits sont dus au terrain dans lequel on a cultivé des cannes à sucre de la Chine. Nous espérions que M. Vallarino continuerait ses expériences et nous ferait part des résultats obtenus ; malheureusement, notre espoir a été déçu.

M. Alphandéry jeune, de Saint-Rémi, adressa, en 1855, plusieurs rapports à M. le Président de la Société départementale d'Agriculture des Bouches-du-Rhône, quoique ce travail n'ait été imprimé qu'en 1857, nous croyons devoir lui faire antécéder le rapport fait à la Société d'Agriculture des Bouches-du-Rhône, par M. Morren, doyen de la Faculté des Sciences de Marseille.

Les travaux de M. Alphandéry jeune portent plus particulièrement sur les vins de sorgho, il s'est aussi occupé de l'alcool (1). Après avoir donné quelques détails sur le mode de culture que cet honorable agriculteur a mis en pratique, il a constaté comme nous qu'un trop grand arrosement nuit à cette plante au point de vue de son rendement en jus. Voici comment il s'exprime à ce sujet :

« Les cannes que j'ai employées, provenant
« d'un champ de sorgho arrosé régulièrement tous
« les huit jours, ont donné un tiers de moins d'al-
« cool que les miennes, qui n'ont été arrosées
« qu'une fois au mois de juin, deux fois en juillet,
« deux fois en août, et une fois en septembre. »

(1) *Sorgho sucré*. Résumé de deux rapports adressés à M. le Président de la Société d'Agriculture du département des Bouches-du-Rhône, les 27 novembre et 16 décembre 1855, par M. Alphandéry jeune, de Saint-Rémy. (Carpentras, imprimerie de L. Devilario, brochure in-8°. 1857).

M. Alphandéry, pensait, à cette époque, que « la canne contenait tout son principe sucré avant « sa maturité. » C'est une erreur, car il est bien prouvé que le sucre n'est développé, dans le jus, à son état parfait, qu'à la complète maturité de la graine. Lui-même l'a reconnu plus tard.

Nous avons dit précédemment que nous ne partagions pas l'opinion de cet honorable agriculteur, quand il dit :

« Le principe sucré du sorgho se trouve particu-
« lièrement au dessous de la première écorce ver-
« nie de la canne, c'est-à-dire dans la seconde
« écorce filamenteuse ; il y est même en plus grande
« quantité que dans la moëlle. »

Nous avons surabondamment prouvé que c'est une erreur.

M. Alphandéry désirerait qu'on trouvât un moyen « d'enlever la première écorce si mince et si dure « de la canne du sorgho. » Il y a trois ans que nous appelons l'attention des fabricants d'instruments sur cet appareil. Quant à nous, nous l'enlevons toujours. Nous pensons que, dans ce cas, le gouvernement devrait proposer un prix aux fabricants qui donneront un appareil utile dans les grandes exploitations, et qu'on pourrait livrer à bon marché ; nous pensons, par expérience, que le prix auquel on pourrait arriver serait très-bas ; mais il faudrait que la prime d'encouragement fût assez grande pour dédommager l'artiste qui y mettrait son temps. Il serait même nécessaire, dans ce cas, de donner dans le programme le prix le plus élevé auquel on pourrait arriver pour céder cet instrument aux agriculteurs ; nous connaissons plusieurs artistes qui sont prêts à concourir.

M. Alphandéry fait quatre qualités différentes de vin-sorgho.

Celui qu'il désigne sous le titre de premier vin-sorgho se fabrique avec « cent kilog. de raisin « mêlé dans une cuve à 25 kilog. de cannes de « sorgho sucré bien broyées. »

On fait cuver le tout huit jours. On retire 50 litres de vin. Nous laissons parler l'auteur :

« L'alcool pur (à 100°), contenu dans cette qualité « de vin, est de 10 à 11 pour cent, et le prix de « revient peut être porté à 25 fr. l'hectolitre. »

A la première cuvée M. Alphandéry ajoute « 50 « kilog. de cannes de sorgho broyées, que j'ai pla- « cées au fond de la cuve. J'ai versé dessus 50 litres « d'eau, et après six jours de fermentation j'ai « retiré 50 litres de vin dont le prix de revient est « de 20 fr. l'hectolitre ; il contient 9 p. 0/0 d'alcool. »

C'est ce que l'on appelle le deuxième vin-sorgho.

En renouvelant deux fois la même opération on obtient ce que cet honorable agriculteur appelle petit vin et piquette de sorgho.

Le premier contient « plus de 7 pour 100 d'alcool ; « le prix serait de 13 fr. l'hectolitre. Le second, « contenant plus de 5 pour 100 d'alcool, ne revient « qu'à 8. fr. seulement. »

M. Alphandéry reconnait que ce procédé ne pourrait pas être pratiqué par les grands propriétaires. Il propose « de placer au fond d'une cuve en bois 100 k. « de cannes de sorgho broyées et 100 kilog. de rai- « sins foulés, et après deux jours de fermentation « on retirerait de la cuve 60 litres de vin, contenant « plus de 10 pour 100 d'alcool. Quelques jours « après on fait presser le marc, et on obtient encore « 60 litres de vin aussi alcoolisé que le premier.

« Le prix de revient de ces deux qualités de vin « est de 25 fr. l'hectolitre, en évaluant toujours à « 25 fr. les 100 kilog. de raisins.

« La piquette qu'on obtient contient plus de 5 « p. 0/0 d'alcool, et ne revient pas à 5 fr. l'hect. »

Le troisième procédé consiste à prendre « 200 « kilog. de cannes broyées ; je les ai mis dans une « chaudière avec 300 litres d'eau ; après quatre « heures d'ébullition, j'ai retiré ces cannes et je les « ai fait presser. J'ai versé dans la chaudière le li-

« quide provenant de cette pressée, et j'ai laissé ré-
« duire le tout à un hectolitre. J'ai obtenu ainsi un
« sirop, qui, mêlé dans une cuve avec 200 kilog.
« de raisins, m'a donné, après 10 jours de fermen-
« tation, plus de 2 hect. d'excellent vin, contenant
« plus de 9 p. 0/0 d'alcool et revenant à 28 fr. l'hect.»

M. Alphandéry a obtenu 5 pour 100 d'alcool.

L'honorable praticien exprime la crainte que la graine ne dégénère ; il est positif aujourd'hui que la graine n'a pas dégénéré. Tout au contraire, elle acquiert, en Europe, des qualités qui lui manquaient dans son pays. Il paraîtrait que les cannes de sorgho ont dégénéré chez cet honorable horticulteur. En 1855, il a obtenu de 14 kilogrammes de cannes un litre d'eau-de-vie à 50 pour 100 ; et il lui en a fallu 20 en 1856. Nous pensons que cette dégénérescence est due à la trop grande humidité du sol. Nous ne pouvons admettre comme preuve de dégénérescence de la graine l'augmentation en poids de cette dernière ; cela prouve seulement qu'elles sont venues dans des terres très-humides : c'est ce que nous avons prouvé dans le cours de cet ouvrage.

Nombre d'articles sur le sorgho sucré ont été publiés dans les journaux ; nous les passons sous silence, attendu que tout le monde a pu en prendre connaissance et en tirer telles conséquences qu'on a voulu.

M. Alphandéry, avant de publier le travail que nous venons d'examiner, avait écrit à Son Excellence M. le Ministre de l'agriculture, du commerce et des travaux publics, pour lui exposer les résultats obtenus par ses soins. Son Excellence ne pouvait ignorer les nombreuses ressources que présentait cette plante précieuse, puisqu'il avait vu à l'Exposition universelle les soixante-cinq produits qu'on en avait extraits. Mais comme il s'agissait d'une question excessivement grave, puisque notre honorable collègue espérait, par les vins-sorgho, rivaliser avec le fruit de la vigne, Son Excellence jugea convenable de demander à M. le Préfet des Bouches-du-Rhône des renseignements précis sur les tentatives de M. Alphandéry. M. le Préfet ne pouvait mieux faire que de s'adresser à la Société départementale d'Agriculture, qui nomma une Commission chargée d'étudier les résultats obtenus, en Provence, dans la culture du sorgho à sucre. C'est le travail de cette Commission, qui fit son rapport (1) à M. le Préfet, que nous allons examiner. Elle ne pouvait mieux choisir pour

(1) Rapport fait à la Société d'Agriculture du département des Bouches-du-Rhône, d'après l'invitation de M. le Préfet sur la demande de M. le Ministre de l'agriculture et du commerce, par M. Morren, doyen de la Faculté des sciences de Marseille, au nom d'une commission, sur les résultats obtenus, en Provence, dans la culture de sorgho à sucre. (*Bulletin de la Société d'agriculture des Bouches-du-Rhône*, année 1856, n° 5.)

son interprète que l'honorable M. Morren, doyen de la Faculté des Sciences, dont les talents et l'aménité sont connus de tous ceux qui ont eu le bonheur de l'approcher.

La Commission, après avoir porté son attention sur les alcools et le sucre de sorgho, goûta les produits résultant de l'emploi de la farine de cette plante. Nous citons :

« Un véritable repas avait été préparé avec la fé-
« cule du sorgho, par les soins de MM. Fissiaux
« et Sicard, une table de deux mètres carrés était
« couverte de pains (1) variés, faits au Pénitencier,
« et de gâteaux différents présentés par M. le doc-
« teur Sicard; ce dernier nous offrait encore un
« potage gras préparé avec la fécule de sorgho (on
« doit dire farine) en guise de tapioca.

« Le potage et les gâteaux étaient parfaits, mais
« on conçoit tout ce que les substances étrangères
« qui s'y trouvent, telles que beurre, œufs, su-
« cre, épices, excellent bouillon consommé, etc.,
« peuvent apporter d'éléments d'erreur dans l'ap-
« préciation positive du goût de ces farines. »

(1) Les pains qui furent présentés par notre honorable collègue étaient loin de valoir ceux que nous avons fait confectionner chez les boulangers de la ville. La Société a pu s'en assurer à l'Exposition dans laquelle elle nous a décerné une médaille. C'était la faute du blutage.

L'appréciation que la commission a portée du potage et des gâteaux est atténuée par les substances étrangères qu'ils contiennent ; or, nous le demandons à tout homme d'intelligence , pouvez-vous admettre que le beurre et autres condiments, qui entrent nécessairement dans la confection des gâteaux et des potages, puissent masquer le goût désagréable que pourrait avoir telle ou telle farine qui aurait servi à leur confection ? Les farines avariées, par exemple , donneront-elles des pains, des gâteaux, des soupes , et autres produits d'un goût parfait ? Ajoutons à cela que les gâteaux n'avaient aucun parfum , afin qu'on pût mieux apprécier la saveur de la farine.

Les pains faits avec partie égale de farine de blé et de farine de sorgho à sucre, et ceux dans la confection desquels il entrait trois quarts de farine de blé et un quart de farine de sorgho sucré , au dire de la Commission : « forment un aliment accep« table et même assez bon pour le dernier. » Il était donc déjà prouvé, à cette époque, que l'on pouvait faire du pain de bonne qualité avec la farine du sorgho sucré. Comment se fait-il qu'un peu plus loin la Commission déclare que : « Comme « succédané du blé, la graine de sorgho ne serait « qu'une médiocre ressource. » De deux choses l'une, ou cette farine « forme un aliment acceptable, « et même assez bon pour le dernier, » et, dans ce cas, elle est très-utile, comme succédané du blé, ou « elle est une médiocre ressource ; » c'est-à-dire qu'on doit lui préférer le sarrasin, les maïs, la pomme de terre, les fèves, haricots et tout autre objet qu'on fait entrer journellement dans la confection du pain.

Quant à la crainte exprimée que cette plante soit « perfectionnée par les pays industrieux d'où elle « arrive, et qu'elle ne possédât, surtout si elle est « vivace, ces profondes et heureuses améliorations, « qui s'obtiennent à la suite d'une culture prolongée « et très-intelligente, » on sait à quoi s'en tenir à cet égard, et il est bien démontré que nous n'avons pas à craindre « un résultat funeste, un véritable « abâtardissement de la plante, ou plutôt un retour « vers l'état primitif, sauvage, aux dépens de sa « richesse en principes sucrés et utiles. »

Voici quelles étaient les conclusions de la Commission :

« 1° Le sorgho sucré dont l'introduction est due « à l'initiative aussi heureuse qu'intelligente de « M. de Montigny, consul de France en Chine, pa- « raît être une plante véritablement précieuse pour « notre pays, où elle sera cultivée avec succès à

« cause de la courte durée de la période de sa végé-
« tation, et sans craindre que le froid qu'elle re-
« doute puisse être dangereux pour elle. »

Cette première conclusion était, à notre avis, un peu timide; il nous semble que, pour une plante qui donne du sucre, de l'alcool, de la farine, des teintures, du papier, des pailles textiles, etc., le mot *paraît* est assez mal trouvé ; on eût pu être plus explicite, et l'affirmative était permise.

« 2° La grande quantité de principes sucrés et
« par conséquent les produits qui en dérivent, l'a-
« bondance de fourrage et de graines qu'elle pro-
« cure semblent ne faire l'objet d'aucun doute, et
« appellent sur elle l'attention la plus sérieuse. »

Toujours la même hésitation dans les conclusions.

« 3° La culture du sorgho présente des avantages
« maintenant assez indiqués pour que, seule, elle
« puisse peut-être faire désormais son chemin ; mais
« certainement elle produira, comme toute tentative
« nouvelle en agriculture, des tâtonnements, des
« maladresses compromettantes, peut-être même
« des mécomptes. Son introduction serait, au con-
« traire, à la fois plus sûre, plus rapide, et immé-
« diatement bienfaisante, si l'action tutélaire du
« gouvernement se faisait sentir pour elle, et s'il
« lui accordait un patronage que, pour les choses

« vraiment utiles, nous voyons qu'il aime à regar-
« der comme une de ses plus belles missions. »

La justesse de cette conclusion a été démontrée par les faits. Si on eût accédé aux désirs de la Commission, les cultivateurs n'eussent pas éprouvé les mécomptes qui les ont frappés en 1857. On eût su à quoi s'en tenir sur cette plante, et il y a déjà plusieurs années que la France jouirait des avantages qu'on peut en retirer.

« 4° Il serait éminemment précieux pour nos
« départements de porter à la connaissance de tous,
« en termes clairs et précis, quels sont les produits
« les plus nets et les plus sûrs que peut rapporter
« la culture du sorgho ;

« Les débouchés qu'ils peuvent trouver, les
« moyens de les faire naître, avec l'indication pré-
« cise des avantages assurés que ces débouchés
« peuvent recueillir ;

« Les procédés généraux les plus sûrs et les meil-
« leurs à suivre dans la culture de cette plante ;

« Existe-t-il des moyens d'augmenter le rende-
« ment en sucre et en alcool ? »

Nous avons tenté de nous conformer à ces conclusions, en publiant la première édition de notre monographie. Si nous en jugeons par l'immense quantité de personnes qui nous ont demandé des renseignements à ce sujet, nous y serions parvenus en partie.

« 5° Les résultats dont nous avons fait plus haut « l'énumération sont surtout précieux, en ce que, « par les espérances mêmes qu'ils font naître, ils « appellent des travaux approfondis et incontesta- « bles ; aussi, est-il à désirer que des hommes in- « struits, indépendants et responsables de leurs « opinions scientifiques, s'occupent non seulement « de ce qui concerne la vie végétale de cette plante, « mais établissent un tableau définitif du rende- « ment théorique et manufacturier, et de la richesse « du sorgho sous tous les rapports, non seulement « en France mais même en Algérie. »

Cette dernière conclusion prouvait combien la Commission attachait de prix à l'étude approfondie de cette plante. Ne semble-t-il pas étonnant que Son Excellence le Ministre, après avoir lu un pareil rapport, qu'il avait lui-même sollicité, n'ait donné aucun encouragement à la culture de cette plante et aux produits qu'on pourrait en tirer? Pourquoi n'a-t-on pas proposé un prix pour les industriels qui auraient fait des appareils soit pour la décortication de ce végétal, soit pour obtenir son jus à bon marché, soit pour en obtenir les papiers, teintures, pailles, etc.? Et cependant on prétend encourager l'agriculture ! Certes, s'il était une plante qui demandât des études particulières, c'était bien celle qui se présentait dans les mains d'un seul homme avec un nombre de produits de première nécessité qu'aucune plante connue n'avait encore pu atteindre. Et dire cependant que, encore aujourd'hui, on se demande si elle contient des sucres cristallisables et autres produits utiles ; n'est-ce pas prouver que la Commission avait raison en demandant une étude approfondie et pour ainsi dire publique de cette précieuse conquête végétale ?

M. Duret, chimiste, a publié (1) un travail dans lequel il s'est occupé du maïs et du sorgho sucré, au point de vue de l'alcoolisation ; voici de quelle façon cet honorable industriel obtient la bière. Nous laissons parler l'auteur :

« Le vesou étant déféqué, on le fait bouillir avec « des fleurs de houblon, en quantité de 4 à 500 « grammes par hectolitre. Le liquide est alors laissé « à refroidir jusqu'à 25 degrés centigrades, et mis « ensuite au levain. Pour cela, on puise dans la « cuve deux ou trois litres de jus, auxquels on joint « un kilogramme de levure de bière bien fraîche ;

(1) *Alcoolisation des tiges de maïs et de sorgho sucré*; in-18, Paris, Auguste Goin, librairie centrale d'agriculture, quai des Grands-Augustins, 41, 1856.

« on delaie, de manière à former une sorte de « bouillie qu'on mélange à la totalité du jus qui « est ensuite bien brassée. La fermentation tumul- « tueuse apaisée, en transvase dans des tonnes « où s'opère la seconde fermentation ; puis on « clarifie à la gelatine ou au blanc d'œuf. Pour obte- « nir de la bière brune, il suffira de caraméliser un « peu le jus, après la première fermentation, au « moment de la mise en tonneau. »

Le procédé de M. Duret semble utile, on peut donc l'essayer.

Pour obtenir le cidre de sorgho, le procédé employé par l'honorable chimiste que nous citons diffère complètement du nôtre, nous croyons donc nécessaire de le citer.

« 1 kilogramme 500 grammes de bonne gravelle « pulvérisée (tartre brut détaché des futailles), 500 « grammes grappes de raisin grossièrement broyées, « 1 kilogramme de bonne levure de bière bien « fraîche, ou un kilogramme de bonne lie de vin « un peu putréfiée. Lorsqu'on emploiera la lie de « vin à la mise en fermentation, il faudra diminuer « la dose de tartre brut, qui sera réduite, dans ce « cas, à un kilogramme. Le tartre et les grappes « mélangés avec 100 litres de jus sont portés à l'é- « bullition, à moins que l'opération ne se fasse en

« été. Le dégré de chaleur étant obtenu, on décante « le jus dans une grande pièce, que l'on a soin de « remplir en partie seulement; on ajoute du jus « froid, qui abaisse la température à un degré « convenable pour la fermentation, que l'on ob- « tient en mettant au levain, comme il a été dit « pour la bière. La fermentation finie, on soutire le « cidre. On peut aromatiser, soit avec 60 grammes « d'iris en poudre, pour 230 litres de jus, soit avec « 120 grammes fleurs de sureau ou 1 gramme de « vanille. »

Le mode d'opérer de M. Duret nous paraît un peu compliqué, et il nous semble plus commode d'employer celui que nous avons proposé, d'autant plus qu'on a déjà tiré parti du jus soit pour faire du sucre ou de l'alcool.

Nous devons mentionner une brochure publiée sous le titre (1) de *Guide du cultivateur du sorgho à sucre*, par M. Paul Madinier et G. de Lacoste. Ce travail est, en grande partie, compilé dans les publications antécédentes. Nous croyons cependant devoir en extraire les évaluations d'un hectare en

(1) *Guide du cultivateur du sorgho à sucre*, suivi de l'indication des diverses applications industrielles de cette plante, et des appareils y appropriés, par Paul Madinier et G. de Lacoste. — Paris, Auguste Goin, éditeur, Librairie centrale d'agriculture, quai des Grands-Augustins, 41.

sorgho. D'après ces auteurs, le produit en fourrage sec serait de « 20,000 kilogrammes. »

« La récolte brute d'un hectare de sorgho sucré « peut être ainsi établie : environ 40,000 pieds « comprenant chacun de trois à huit tiges, lesquels « rendaient 80,000 kilogrammes de cannes saccha- « rines, 20,000 kilog. de fourrage, 1,000 kilog. « graines. Frais de culture 700 francs par hectare; « bénéfice net 2,700 francs. »

Ces messieurs pensent que les appareils de MM. Derosme et Cail et l'appareil de M. Egrot sont les meilleurs pour la distillation du jus de canne à sucre de la Chine.

M. Paul Madinier a publié une brochure (1) sur le sorgho à sucre. Voici, d'après cet auteur, quel serait le rendement d'un hectare : « 60,000 kilog. « de tiges, qui, traitées par la macération (2), ren- « dent au moins 65 litres de vesou par 100 kilog., « soit 39,000 litres de jus susceptible de rendre « 8 p. 100 d'alcool environ, soit 31 hectolitre 20 « d'alcool.

(1) *Le sorgho à sucre, culture, récolte, emploi de la graine, extraction du jus sucré, distillation;* par Paul Madinier extrait du journal l'*Agriculteur praticien*. — Paris, Librairie centrale d'agriculture et de jardinage, quai des Grands-Augustins, 41; Goin, éditeur, 1857.

(2) Système Champonnois.

« 12,000 kilog. de feuilles.

« De 30 à 35,000 kilog. de résidus.

« Graines 30 hect. pesant 65 kilog. par hect. »

Le rendement de M. Madinier serait de beaucoup supérieur à celui que nous avons obtenu. Nous croyons qu'on doit plus particulièrement se baser sur nos chiffres, attendu qu'on sera agréablement surpris, si les rendements sont supérieurs, et qu'il y aurait découragement, s'ils étaient inférieurs.

M. Jules Itier, qui avait fait partie de l'ambassade envoyée en Chine, publiait, l'an passé, une brochure (3) sur le sujet qui nous intéresse.

Il paraît que, pendant son séjour en Chine, l'honorable M. Itier avait vu cultiver cette plante, mais qu'il n'avait pu en rapporter de la graine.

Des expériences de la méthode chinoise ont été faites, en 1855, par M. le professeur Martin, au jardin botanique de Montpellier. Ce semis fut fait dans les « derniers jours de mars, et le repiquage « fin de mai. Les cannes ont atteint 3 mètres 50 c. « de hauteur, et environ 28 millimètres de dia- « mètre à la base.

« En 1856, l'ensemencement a eu lieu directe-

(3) *Du Sorgho sucré* (*Holcus saccharatus*), Kao-Lien de la province de Kwang-Tong, Chine, par M. Jules Itier. Montpellier, 1857.

« ment, vers le 15 avril, dans un terrain bien pré-
« paré, mais non fumé. Les tiges atteignaient à
« peine, en moyenne, 3 mètres de hauteur et 25
« millimètres de diamètres au premier nœud.

« Le rendement, calculé par hectare, a été de :

« Tiges débarrassées de leur racine et de leur
« extrémité non sucrée, 42,775 k.

« Bouts de cannes et feuilles engaînantes, 7,300 k.

« Graines, 3,333 k.

« Bagasse, 16,000 k.

« Alcool à 86°, 1,928 litres. »

Malgré tous ses soins, M. Itier n'a pu obtenir de sucre cristallisé. Il a retrouvé, au fond du bac à vesou, la fécule dont nous avons entretenu nos lecteurs.

Nous étudierons, dans notre second volume, les travaux de cet honorable savant au point de vue tinctorial.

Etudes sur les publications faites en Algérie.

M. Hardy, directeur de la pépinière centrale du gouvernement à Alger, est le premier qui se soit occupé de la culture de la canne à sucre de la Chine, dite sorgho à sucre, dans notre belle colonie. Son premier travail, qui date de 1856, a été inséré dans les *Annales de la Colonisation Algérienne* (1). Il nous donne des renseignements exacts sur la culture de cette plante en Algérie.

Nous citons textuellement :

« Le 18 mai dernier, je fis semer trois parcelles « de sorgho à sucre, formant ensemble une super- « ficie de 17 ares, de qualité de sol à peu près iden- « tique. Le terrain, parfaitement découvert, avait « été labouré profondément, et avait reçu une dose « ordinaire de fumier riche, provenant des immon- « dices de la ville. Le semis a été fait en lignes es-

(1) *Annales de la colonisation Algérienne*, bulletin mensuel de colonisation française et étrangère, numéro 51, mars 1856 (5e année, numéro 3), page 176 et suivantes. On ne saurait trop recommander cette publication à toute personne qui désire connaître les progrès de la culture en Algérie

« pacées de 80 centimètres les unes des autres.
« Lorsque les jeunes plantes eurent pris un déve-
« loppement suffisant, je les fis distancer sur la
« ligne, à 30 ou 35 centimètres, arrachant à la main
« celles qui étaient superflues. La plantation reçut
« successivement trois binages et trois légères irri-
« gations qui consistaient à faire courir un peu
« d'eau dans une rigole ouverte au pied de chaque
« ligne de plantes. J'estime qu'un pareil arrosage
« ne doit pas employer plus de 400 mètres cubes à
« l'hectare. Au dernier binage (1) on ramena la terre

(1) M. Hardy a fait usage des instruments attelés, tels que la houe à cheval pour donner les binages, et la charrue légère ou le butoir pour tracer les raies d'arrosement. Nous ne saurions trop engager nos lecteurs à employer ces moyens ; on doit bien se persuader qu'en agriculture il est urgent, surtout en France, de remplacer, autant que possible, la main-d'œuvre par les animaux; ce sera le seul moyen d'obtenir de notre sol tout le profit qu'on peut en retirer. La main-d'œuvre devient de jour en jour plus chère ; il est donc indispensable de la remplacer par les instruments aratoires fonctionnant au moyen des animaux de trait. Il serait à souhaiter, surtout dans le département des Bouches-du-Rhône, qu'on substituât la vache aux autres animaux de labour, cette dernière ayant l'avantage de produire du lait, en même temps qu'elle tire la charrue : ce qui donne double profit au propriétaire.

Le gouvernement devrait proposer un prix très-important pour l'inventeur qui produirait une locomobile à développement avec charrue capable de cultiver sur des terrains accidentés, une étendue d'une cinquantaine d'hectares. Le prix de revient de la machine ne devrait pas dépasser mille ou quinze cents francs. Il serait urgent que la locomobile pût porter sa force sur les roues

« au pied des plantes, de manière à former un
« petit billon, dont la ligne occupait le centre, tant
« pour donner aux plantes un point d'appui contre
« les vents que pour favoriser le développement
« des racines adventices, qui naissent de la base
« de la tige, comme dans le maïs.

« La plupart des tiges atteignirent une élévation
« de 4 à 5 mètres. Un grand nombre n'avaient pas
« moins de 10 à 11 centimètres de circonférence à
« la base.

« La maturité des graines eut lieu vers la mi-
« septembre. Les 17 ares m'ont donné 425 kilo-
« grammes de graines, ce qui porte le rendement à
« 2,500 kilog. à l'hectare. Ce chiffre serait certaine-
« ment de 130 à 200 kilog. plus élevé, sans le ra-
« vage des moineaux.

« J'ai remarqué que les plantes avaient, en gé-
« néral, de trois à sept tiges. Ces tiges, séparées
« de leurs feuilles et des pétioles, engaînant cha-

dans le cas de labour ou autre, et qu'une fois immobilisée, la transmission pût se faire sur les batteuses, moulins, presses, et autres appareils indispensables en agriculture. On devrait aussi obtenir que la vapeur pût se porter sur les appareils distillatoires ou autres qu'on jugerait convenable d'établir. Une machine qui remplirait toutes ces conditions, et d'un prix de revient de deux mille francs pour une étendue de 50 hectares, serait fort utile. Les industriels français et étrangers devraient être admis à ce concours.

« que mérithalle, puis, débarrassées de la partie « supérieure, qui ne contenait que peu ou point « de parties saccharines, furent ramenées à une « longueur moyenne de 2 mètres 50 centimètres. « Ces pesées me donnèrent un résultat de 83,250 « kilog. de tiges saccharines à l'hectare.

« Les tiges, pilées dans un mortier, après avoir « été coupées par tronçons, puis, soumises à une « pression énergique, ont donné 67 p. 0/0 de jus.

« Le jus extrait de ces tiges avait, fin septem- « bre, au moment de la récolte des graines, une « densité de 8 degrés 3/4 à l'aréomètre de Beaumé, « ce qui ferait approximativement une proportion « de sucre de 13 p. 0/0.

« J'ai fait conserver, sur pied, les tiges dont on « avait coupé les panicules de graines. J'ai la sa- « tisfaction de voir que, deux mois passés après « la récolte de la graine, les tiges, qui sont res- « tées debout, qui n'ont point été courbées par le « vent, ni gâtées par les vers, n'ont rien perdu de « leur saveur sucrée. Ainsi, on peut être assuré « que non-seulement le principe sucré se développe « jusqu'au moment de la maturité des graines, mais « qu'il se conserve encore dans les tiges longtemps « après la récolte de ces mêmes graines. Il est par- « faitement établi qu'en Algérie on peut utiliser les

« graines de sorgho sucré, en les laissant venir à « maturité, sans diminuer la récolte du principe « saccharin que contiennent les tiges.

« Le sorgho à sucre est, pour ainsi dire, vi- « vace, car j'ai des plantes qui sont à la fin de « leur deuxième année d'existence, qui recommen- « cent à faire une troisième pousse, et se dispo- « sent à accomplir leur végétation pendant une troi- « sième année. Mais je me hâte d'ajouter que l'on « ne peut rien déduire de ce fait, en faveur de « l'utilité qu'il pourrait y avoir à conserver cette « plante plusieurs années. Je suis fondé à croire que « ce serait plutôt onéreux que productif. La se- « conde année, les tiges atteignent à peine la hau- « teur de 1 mètre 50 centimètres à 2 mètres ; elles « sont chétives et grêles, comparativement au dé- « veloppement de la première année, et beaucoup « moins grosses que le petit doigt. La troisième an- « née, il est plus que probable, leur développement « sera bien moindre encore. Mais, outre le peu « de produit que l'on obtiendrait de la prolon- « gation de la même plante sur le même empla- « cement, il y a une considération bien autrement « importante, c'est celle de l'épuisement (1) qui

(1) Il est bien prouvé aujourd'hui, d'après les expériences de M. le comte de David Beauregard, que cette plante n'épuise pas le sol.

« en résulterait pour la terre. Il faut, au contraire, « se hâter de retourner le sol, par un bon labour « de charrue, dès la fin de la première saison. »

D'après les extraits que nous venons de faire du rapport de M. Hardy, il résulte que la culture de la canne à sucre de la Chine, en Algérie, donne en tiges saccharines, un rendement de beaucoup supérieur à ceux que nous obtenons en France. Les tiges ont donné 67 p. cent de jus (2) dont la densité, en Algérie, serait identique aux résultats obtenus chez nous. Quant à la quantité de graines, il n'en serait pas de même. Nous avons obtenu pour les graines, un rendement bien supérieur à celui de l'Algérie.

M. Hardy a récolté 2,500 kilogrammes de graines à l'hectare; en ajoutant les 200 kilog. qu'on suppose mangés par les moineaux, nous arrivons au chiffre de 2,700 kilog. par hectare.

(2) Nous devons faire observer, à ce sujet, que M. Hardy a eu la précaution d'enlever la partie supérieure des cannes, tandis que nous avons détaché seulement le fût. Ce mode d'opérer, que l'on doit adopter, donnerait un plus grand rendement, si les entre-nœuds supérieurs étaient privés complètement de principes sucrés, ce qui est à présumer.

Les études que nous avons faites depuis la publication de notre première édition, nous permettent d'affirmer que lors de la maturation complète de la canne, les entre-nœuds les plus rapprochés du fût sont privés de principes sucrés.

Nous ne supposons pas que les oiseaux de nos pays aient consommé une moins grande quantité de graines qu'en Algérie. Notre champ était littéralement assiégé par des oiseaux de toute espèce, les poules y ont même quelques fois fait irruption, et nous avons cependant obtenu 3,091 kilogrammes par hectare. Ce rendement est utile à constater, puisque la graine de cette plante précieuse rend de grands services au point de vue alimentaire et tinctorial.

Nous sommes heureux de voir se réaliser nos prévisions, qui prouvaient que la racine de la canne à sucre de la Chine est vivace. Il paraît, cependant, d'après les expériences faites en Algérie (1), qu'il n'y a aucun avantage à la cultiver ainsi. Nous devons donc la considérer comme plante annuelle, et en tirer tout le parti possible.

La seconde pousse de cette plante peut, ainsi que nous l'avons indiqué, être livrée au bétail. Quant aux racines, il est bon de les arracher, car

(1) On a vu précédemment qu'il n'en est pas de même en France, d'après les expériences que nous avons faites. Cette différence, si elle était bien prouvée, ce qui demande encore la consécration du temps, aurait sa raison d'être dans la plus grande vigueur avec laquelle cette plante pousse en Algérie. On a vu, en effet, par les rendements produits dans notre belle colonie, que la canne à sucre de la Chine y développe un luxe de végétation tel que bien des gens la croient fabuleuse.

elles sont utiles pour la production de l'alcool et pour la nourriture de certains animaux. Elles ont l'avantage de se conserver longtemps une fois cueillies. Reste à savoir s'il ne vaudrait pas mieux les laisser dans le sol et ne les en retirer qu'au fur et à mesure des besoins ; c'est une expérience que l'on n'a pas tenté. Nous passons sous silence leur utilité au point de vue tinctorial ; nous en parlerons en temps et lieu.

M. Hardy a fait son semis en lignes espacées de 80 centimètres les unes des autres. Nous voyons avec plaisir que les expériences du laborieux directeur de la pépinière centrale du gouvernement viennent corroborer notre opinion, relativement au mode de semis. Il nous semble cependant que la distance sur la ligne de 30 à 35 centimètres est un peu rapprochée. Les semis que nous avons faits à cette distance n'avaient pas acquis tout le développement dont la plante est susceptible.

M. Hardy partage notre manière de voir au sujet de la maturité de la graine.

Il est bien prouvé que le principe saccharin contenu dans les tiges n'est abondant qu'à la maturité de la graine.

L'honorable directeur de la pépinière centrale du gouvernement, à Alger, s'exprime ainsi dans une autre partie de son rapport :

« J'ai extrait des tiges du sorgho un produit qui « pourra n'être pas sans importance et qui fera l'ob- « jet d'une communication spéciale. »

On a vu depuis qu'il s'agissait de la cérosie ou cire végétale, produit qui jusqu'à présent ne présente pas une bien grande utilité, à cause des difficultés qui s'opposent à son extraction ; mais nous pensons que nous parviendrons à l'extraire de telle façon qu'on pourra la céder à un tel prix, qu'il y aura profit pour le cultivateur.

Dans un second rapport adressé en 1856 à S. Ex. le Ministre de la guerre, rapport qui a été publié dans les *Annales de la colonisation Algérienne* (1), M. Hardy nous affirme qu'il a laissé sur pied les tiges sur lesquelles il avait fait la récolte des graines.

« La cueillette de fin septembre 1855 a donné « 67 p. 0/0 de jus d'une densité de 8 degrés 3/4.

« Le 8 novembre, 52 p. 0/0 de jus d'une densité « de 9 degrés 1/2.

« Le 31 janvier, 51 p. 0/0 de jus d'une densité « de 8 degrés 1/2.

« Et le 6 février, 49 1/2 p. 0/0 de jus d'une densité de 8 degrés. »

Nous citons :

« Tandis que, même dans le midi de la France,

(1) Numéro 52, avril 1856.

« les gélées ont détruit les tiges de sorgho vers la « fin d'octobre, en Algérie, ces tiges peuvent se « conserver sans altération, pour ainsi dire, et sans « frais, pendant la majeure partie de l'hiver, pour « alimenter les distilleries. »

Nous devons ici relever une erreur grave : si l'Algérie a le privilége de conserver ses cannes à sucre sur pied pendant plus longtemps que le midi de la France, il ne s'en suit pas que tout espoir de récolte soit perdu à la fin d'octobre. C'est, sans doute, une erreur de typographie : c'est à la fin de novembre qu'a voulu dire l'honorable directeur de la pépinière centrale du gouvernement. L'année 1855, nous avons cueilli jusque dans les premiers jours de décembre, et à la mi-février nos cannes arrachées étaient encore très-bonnes pour la production de l'alcool. L'essentiel est de pas laisser geler les cannes sur pied.

Les expériences faites en Algérie prouvent :

« Que le jus du sorgho sucré porte avec lui son « principe fermentescible, et qu'il n'est pas néces- « saire d'y ajouter aucun levain pour obtenir la fer- « mentation alcoolique, en le soumettant, toutefois, « à une température convenable. »

Cette opinion émise par M. Hardy, vient corroborer ce que nous avions dit précédemment.

« C'est au bout de huit jours de fermentation, » continue M. Hardy, que le jus simple du sorgho « sucré a atteint son maximum d'alcoolisation ; c'est « à ce point qu'il devrait être soumis à la distilla- « tion. Deux jours après, sa richesse alcoolique « diminuait, et il passait à l'acidification. »

Il est à remarquer que le jus était placé dans une serre à bouture, dans laquelle la température oscillait entre 22 et 30 degrés centigrades. Nous avions donc raison de dire, précédemment, que beaucoup de personnes n'avaient pu obtenir la fermentation du jus, parce qu'elles l'avaient tenu à une température trop basse.

M. Hardy pense que les 2,500 kilog. de graines que peut produire un hectare, donneraient 678 k. 75 décag. d'alcool. Nous ne partagerons pas l'opinion de l'honorable M. Hardy, relativement à l'emploi de la graine. Nous pensons qu'il serait plus utile de la faire entrer dans l'alimentation.

D'après les calculs de M. Hardy, un hectare de sorgho sucré donnerait 108 kilog. 400 grammes de cérosie, moyennant une dépense de main-d'œuvre de 250 francs. Il pense que cette substance, donnée à 50 centimes de moins par kilog., remplacerait la cire d'abeille ; dans ce cas, la recette étant de 330 francs 62 centimes, le cultivateur aurait un bénéfice de 88 fr. 62 c. sur ce produit.

Il résulte du travail de M. Hardy, que l'hectare de sorgho à sucre, en Algérie, en convertissant les graines et les tiges en alcool, et à supposer que ce dernier produit fût maintenu au taux auquel il est porté aujourd'hui, donnerait un bénéfice de 8,313 francs 22 centimes par hectare ; mais en supposant que les alcools tombassent à 70 francs l'hectolitre, il y aurait encore un bénéfice de 3,340 francs 49 centimes par hectare. Si l'on ajoute à ces chiffres les rendements en teinture et en papier, on sera persuadé que nous avons dit la vérité en assurant qu'aucune plante connue jusqu'à ce jour n'a jamais donné un pareil produit.

L'honorable directeur de la pépinière centrale du gouvernement pense que le milieu du mois de mai est le moment le plus favorable pour les semis. Il paraît qu'en Algérie 122 jours suffisent pour arriver à la maturité de la graine. Nous citons :

« On peut commencer les premiers semis vers les « premiers jours d'avril. Les semis faits le premier « avril mûriront leurs graines vers le 13 août, au « bout de 135 jours de végétation. Les semis pour- « raient s'échelonner ainsi jusque vers la mi-juillet. « Ceux qui seront exécutés le 10 juillet mûriront « leurs graines à la fin de novembre, après 143 « jours de végétation. »

Nous ne pouvons, dans le midi de la France, suivre les indications données dans le travail de M. Hardy (1). Les semis que nous avions faits le 3 mai, nous ont donné une bonne récolte. Les semis du 12, une demi-récolte; quant aux semis du 28 mai, nous n'en avons rien obtenu; ils ont été gelés avant la maturité de la graine. Ces dernières étaient bonnes à faire des teintures et à nourrir les bestiaux (2). Quant aux cannes, elles donnaient un alcool d'une qualité inférieure, et étaient impropres à la fabrication du sucre.

Nous continuons notre citation.

(1) Nous présumons que la récolte des semis faits à la fin du mois de mai eussent été utilisables si l'automne n'avait pas été aussi pluvieuse. Tout le monde sait qu'une trop grande humidité retarde la floraison de certaines plantes. Nous avons dit précédemment que la canne à sucre de la Chine avait besoin d'une forte chaleur pour taller promptement. Nous sommes donc dans le vrai en pensant que le retard apporté dans la végétation est dû à l'humidité constante de l'arrière-saison. Peut-être aussi avait-on eu le tort de prolonger les arrosements pendant trop longtemps; nous pensons qu'à la fin du mois d'août il faut les suspendre tout-à-fait.

(2) La canne à sucre de la Chine, cultivée au point de vue de la nourriture des bestiaux, peut se semer même plus tard qu'il n'est indiqué dans le travail de M. Hardy, mais à la condition de la faucher. Considérée à ce point de vue, cette culture est d'un excellent produit.

« On paraît craindre, dans le midi de la France,
« qu'à la longue le sorgho sucré, multiplié exclusi-
« vement par graine, ne vienne à dégénérer, et l'on
« conseille de le multiplier par boutures. Ce que
« l'on craint pourrait arriver, si l'on cultive cette
« espèce sans aucune prévoyance dans le voisinage
« immédiate de congénères, le sorgho à balais,
« par exemple ; il pourrait alors en résulter un abâ-
« tardissement ; mais il n'y a aucun danger, si l'on
« a soin de la tenir parfaitement isolée. »

L'opinion émise précédemment, a eu pour point de départ les craintes exprimées par quelques-uns de nos collègues faisant partie de la Commission chargée de faire un rapport sur les résultats obtenus, en Provence, dans la culture du sorgho à sucre. Nous ne partageons pas cette opinion. Nous pensons que le semis sera toujours préférable au bouturage. Si nous avons étudié cette question, c'était afin de savoir si cette plante pourrait se multiplier par bouture.

Nous avons cultivé des cannes à sucre de la Chine dans le voisinage de tous les sorghos connus. Les graines que nous avons recueillies sont identiques à celles qui nous avaient servi de semence ; les plantes résultant des semis faits avec ces graines n'ont présenté aucun inconvénient.

Dans le rapport (1) que M. Hardy adressa au ministre de la guerre, en 1857, cet honorable savant prouve qu'en Algérie : « Le jus devient plus riche en « sucre après la maturité de la graine et après sa « récolte. » Ainsi se confirme ce que nous avons toujours dit sur la maturation des cannes, c'est en vain qu'on voudrait en douter. Si le jus, en Algérie, devient plus riche en sucre après la maturité et la récolte de la graine, c'est que, jusqu'à ce jour, on a cueilli la graine avant sa parfaite maturité. Il n'en sera plus ainsi quand on la récoltera bien mûre.

Voici les rendements obtenus.

« Le poids de la graine récoltée a été de 214 kilog. « pour le champ de 442 mètres ensemencé le 30 « avril, et de 432 kilog. pour celui de 2,368 mètres « ensemencé le 22 mai ; ce qui fait un rendement « de 4,840 kilog. à l'hectare, pour le premier « champ, et de 2,330 kilog. pour le second, qui, « comme il a été dit, avait un peu souffert de la « sécheresse, lors de la formation de l'épi.

« Quant au rendement en tiges, des pesées faites « sur des plantes prises dans les différentes parties « des deux champs, au moment de la maturité de « la graine, m'ont donné, pour le premier champ,

(1) *Annales de la Colonisation algérienne*, n° 65, mai 1857.

« 83,423 kilog. de tiges épluchées à l'hectare, et « pour le second, 41,512 kilog. »

En Algérie, comme en France, la sécheresse produit le même effet sur la plante qui nous occupe.

M. Hardy a publié aussi, dans le commencement de cette année, un article (1) sur le sorgho sucré.

La pérennité de cette plante est prouvée par les études de M. Hardy, qui possède encore, dans son jardin d'essai, une plantation faite en 1854. Cette plantation a été arrosée la première année seulement ; depuis cette époque, elle est abandonnée à elle-même, donnant toujours des tiges et des graines ; ces premières ont diminué de volume et sont devenues ligneuses ; quant aux graines, elles ont conservé toutes leurs qualités.

Les boutures provenant de ces plantes ont donné une récolte plus précoce d'un mois ; les cannes étaient un peu moins grosses que celles provenant de semis. « Elles donnaient, en jus, 51 pour 100 « du poids des tiges, marquant 10° centigrades à « l'aréomètre. »

M. Hardy pense qu'on pourrait faire, en Algérie, des prairies de sorgho sucré, qui seraient très-utiles

(1) De l'emploi industriel de la graine de sorgho sucré, et de quelques résultats récemment obtenus à l'égard de la culture de cette plante. *Annales de la Colonisation algérienne*, n. 74, février 1858.

pour l'élévage des bestiaux. Il paraîtrait que : « le « fourrage de sorgho vert est doué de propriétés « curatives pour certaines maladies des animaux « domestiques. On nous affirme que des chevaux « ont été guéris de la pousse par un régime pro- « longé au sorgho vert. »

Nous nous occuperons, dans le second volume, des études de M. Hardy, au point de vue tinctorial.

M. F. Bourdais, distillateur à Constantine, publia (1), dans le courant de l'année 1857, un article intitulé : Distillation du sorgho à sucre. Le travail de cet honorable industriel est d'autant plus intéressant qu'il a lui-même opéré.

M. Bourdais s'est assuré qu'un hectare de sorgho, placé dans de bonnes conditions, rendrait : « 520 « quintaux métriques de roseaux dépouillés de « leurs feuilles; 78 quintaux métriques de feuilles « fraîches. »

L'honorable industriel fait passer » la graine « sous le cylindre et transforme en sucre l'amidon « qu'elle contient, en la soumettant à une vigou- « reuse macération à chaud. » Il obtient, par quintal métrique de roseaux, 5 litres 20 d'alcool à 94°.

Nous engageons nos lecteurs à prendre connaissance du travail de M. Bourdais.

(1) *Annales de la Colonisation algérienne*, n. 62, février 1857.

Nous terminons ici l'extrait des publications faites en Algérie, passant sous silence les rapports officiels adressés à Son Excellence le Ministre de la guerre, par MM. les Préfets et les Inspecteurs de colonisation.

CONCLUSIONS.

> Il faut que tout homme travaille, toutes les fois que sa constitution le lui permet, autrement c'est un frêlon qui vit aux dépens des abeilles et qu'on devrait écraser.
>
> DUBOIS, d'Amiens.

Nous voici arrivé à la fin de la première partie de cette Monographie.

Dans la préface, nous avons commencé par expliquer le but que nous nous proposions, et fait pressentir de quelle façon nous nous y étions pris pour expérimenter sur la plante qui nous occupe.

Nous avons étudié la canne à sucre de la Chine sous tous ses aspects, nous demandant d'abord si elle était identique avec le sorgho ou autres plantes congénères, et laissant à chacun le soin de conclure sur les observations que nous avons données.

Parlant ensuite de la culture de la canne à sucre de la Chine, nous avons fait tout notre possible pour être utile à chacun de nos lecteurs, en étudiant la croissance de cette plante sous toutes ses faces, donnant, à l'appui, des tableaux d'une exactitude rigoureuse.

Le chapitre suivant a été consacré aux études sur la maturité de la plante qui est l'objet de notre sollicitude.

Nous avons aussi étudié la structure et la composition de la canne à sucre de la Chine.

Le chapitre suivant a traité de l'extraction du jus; nous avons tâché, dans ce chapitre, d'être utile à tous nos lecteurs, dans quelque classe qu'ils se trouvent placés.

Dans le septième chapitre, nous avons parlé du traitement industriel du jus de la canne à sucre de la Chine; nous avons passé, tour à tour, en revue, la fabrication du sucre, de l'alcool, du vin, du vin cuit, de la piquette ou cidre de sorgho, de la bière extraite de cette plante, du rhum obtenu avec le jus de canne à sucre de la Chine, le vinaigre que l'on peut en extraire, et les résidus provenant de la distillation.

Passant ensuite à l'étude sur la graine de la canne à sucre de la Chine, nous avons donné les moyens de la décortiquer et de quelle façon il fallait en séparer les différentes qualités, et son utilité à divers points de vue.

Dans le neuvième chapitre, nous avons étudié les produits de la mouture de la canne à sucre de la Chine ; nous avons parlé de l'utilité de décortiquer cette graine, des appareils nécessaires pour arriver à ce but. Nous avons étudié les différentes farines, leur utilité dans la confection du pain, de la biscuiterie, au point de vue des potages, et l'avantage que présente son emploi dans la confection des chocolats. Nous avons donné la composition intime de cette farine et parlé de la fécule qu'on peut obtenir de cette plante.

Passant, dans le chapitre suivant, au rendement de la canne à sucre de la Chine, nous avons donné des tableaux indiquant l'époque où les cannes ont été cueillies, et leurs divers rendements qui ont été ensuite calculés sur un hectare.

Le onzième chapitre comprend des études sur la canne à sucre de la Chine considérée exclusivement comme nourriture des animaux.

Nous avons cité plusieurs extraits de divers ouvrages très-récents, auxquels nous avons joint les remarques que leur lecture nous a suggérées.

Nous passons sous silence les principes colorants

que nous avons extraits de cette plante, car leur place se trouve dans la 2e partie de cet ouvrage.

Il résulte des divers travaux auxquels nous nous sommes livré, les conclusions suivantes :

La canne à sucre de la Chine est une plante providentielle et qui n'a point de similaire connu dans le règne végétal : tout est utile sous plusieurs points de vue, qu'on la considère comme plante industrielle, par rapport au sucre, à l'eau-de-vie, au papier, à la teinture, etc., ou qu'on envisage la graine utile comme aliment, soit comme adjuvant de la nourriture de l'homme, soit comme nourriture des animaux qui sont destinés à l'alimentation.

Les pailles prennent place dans l'industrie par leur inimitable coloris : on a pu en juger par les échantillons envoyés en France et à l'étranger. Peut-être un jour les filaments que nous avons extraits seront-ils utiles à fournir des vêtements ou autres objets pour lesquels les plantes textiles sont usitées.

Qu'il nous soit permis, en terminant, d'appeler la sollicitude du gouvernement sur cette plante précieuse, destinée, nous le pensons, à un avenir dont aucune plante au monde n'est susceptible ; car, il n'en est aucune qui puisse, tout ensemble, fournir à l'homme sa nourriture, son breuvage, son vêtement, les principes tinctoriaux nécessaires à l'industrie, du papier pour écrire sa pensée, de l'encre pour la tracer, du sucre pour ses besoins, et des substances qui, peut-être un jour, remplaceront des remèdes que nous payons, à l'étranger, au poids de l'or.

Nous ne pouvons clore ce dernier chapitre, sans remercier l'homme d'intelligence que le gouvernement a su envoyer en Chine, et qui, par l'introduction de cette plante, a rendu plus de services à la France que Parmentier en introduisant la pomme de terre.

Honneur à M. de MONTIGNY !

POST-SCRIPTUM.

La question de la canne à sucre, dite sorgho à sucre, au point de vue alimentaire, nous paraît tellement importante que nous retardons de quelques jours la publication de notre ouvrage, pour parler d'une dernière expérience que nous venons de faire sur les rendements en farines utiles qu'on peut retirer de cette graminée.

Nous avons eu soin, dans le cours de cet ouvrage, de donner des détails sur les farines que nous avons extraites, et nous avons donné leur rendement obtenu chez divers meuniers; nous avons voulu, pour compléter notre travail, nous procurer des graines venues d'Algérie et savoir quel serait leur rendement. Il est inutile de rappeler que nos farines ont été faites à dessein chez différents meuniers, et nous devons dire qu'ils ont tous été unanimes pour la trouver de bonne qualité. Voici le résultat de la dernière expérience que nous venons de faire, au moulin dit du *Repos*, dans la commune de Vitrolles. Cette usine est montée dans les derniers systèmes. Un hectolitre sorgho d'Algérie, pesant 58 kilog., a été porté au moulin; nous devons ajouter que la graine n'était pas mûre comme celle que nous récoltons, aussi le blutage, au moulin, a présenté quelques difficultés.

Voici le rendement.

Gros son........	10 k.	6 h.
2e son..........	13	6
Farine..........	32	8
	57 k.	» h.

Un kilogramme de perte.

Nous avons bluté de nouveau les produits obtenus au moulin, produits qui se trouvent dans les conditions ordinaires du blé, puisque c'est à cette usine que tous les habitants de Vitrolles, des Pennes et autres lieux environnants font faire leur farine pour leur usage, et que les boulangers de ces diverses localités s'y adressent pareillement.

Voici le décompte des produits.

Le premier son, repassé à nos blutoirs, a donné, par kilogramme (1) :

Son (2)	963 grammes.	
Farines	37 »	
	1 k. 000 grammes.	

Les cent kilog. du premier son donnent donc :

Son	96 k. 300 g.	
Farines	3 700	
	100 kil. »	

Le rendement en farine est presque illusoire ; mais comme il faut nécessairement l'enlever pour les teintures, nous devons le mentionner.

Le 2e son, venu du moulin et repassé à nos blutoirs, a donné, par kilogramme :

Son	775 grammes.
Farine	225 »
	1 k. 000 grammes.

Les cent kilogrammes de 2e son donnent par conséquent :

Son	77 k. 500 g.
Farines	22 500
	100 k. » g.

Cette farine doit entrer dans l'alimentation des

(1) Nous prenons le kilogramme pour unité de poids, afin qu'il ne puisse y avoir aucun doute sur les rendements, et qu'on puisse vérifier la véracité de nos calculs.

(2) Ce son est utile pour les teintures.

animaux. Quant au son, il est utile pour les teintures, après avoir subi des blutages successifs et d'autres préparations. Nous nous en occuperons dans le deuxième volume.

La farine que nous avons repassée à nos blutoirs a donné, par kilogramme :

Gros son, ou 1er blutoir.	89 g.
2e son, ou 2e blutoir....	65
2e farine, ou 3e blutoir..	480
1re farine, ou 4e blutoir..	366
	1 k. 000 g.

Les cent kilogrammes de farine donnent donc :

Gros son, ou 1er blutoir....	8 k.	900 g.
2e son, ou 2e blutoir.......	6	500
2e farine, ou 3e blutoir.....	48	000
1re farine, ou 4e blutoir.....	36	600
	100	000

La première et la seconde farine sont excellentes pour l'alimentation ; c'est donc 84 kilogr. 600 grammes d'excellent produit qui peut entrer dans le commerce, et s'employer à tous les usages auxquels sont destinées les meilleures farines. Quant aux déchets, ils seront tous utiles pour l'alimentation des animaux.

Il nous semble impossible maintenant de mettre en doute l'utilité de la farine de canne à sucre de la Chine, dite sorgho sucré, au point de vue alimentaire. Nous l'avons fait consommer, sous toutes les formes, à des centaines de personnes de toutes conditions, et toutes, sans exception, l'ont trouvée de bonne qualité.

Nous pensons devoir clôturer ce premier volume par le catalogue général de la collection des produits que nous avons retirés de la canne à sucre de la Chine, dite sorgho à sucre. Nos lecteurs se persuaderont ainsi que nous sommes loin de faire de la théorie, mais que nous laissons celle-ci pour la pratique. Nous avons eu le soin de marquer d'un signe différent chacun des produits qui ont été admis aux Expositions. On verra, par ce moyen, que nous avions le droit de demander la priorité dans les découvertes faites jusqu'à ce jour, et que si la France ne jouit pas encore des avantages auxquels elle doit prétendre, nous ne devons pas en être accusé, car nous avons fait tout ce qu'il est humainement possible pour que notre patrie jouisse de nos découvertes. Si nous avons pris un brevet, c'est que, dans l'état actuel de la législation, c'était le seul moyen de conserver à nos enfants les droits incontestables que nos labeurs leur ont acquis. Les puissances étrangères se sont émues de nos travaux ; plusieurs d'entre elles ont envoyé leur représentant pour examiner notre collection. Sa Majesté le Roi des Deux-Siciles a daigné nous demander un double d'une partie de ces produits, et, après l'examen consciencieux qui en a été fait par les savants de cette contrée, Sa Majesté a daigné nous conférer son Ordre royal de François Ier.

CATALOGUE RAISONNÉ

Des produits que nous avons retirés de la canne à sucre de la Chine dite Sorgho à sucre.

Nous marquons du signe ✢ les produits qui ont été admis au concours de la Société d'Horticulture de Marseille en 1855 (1). Nous désignons par 0, ceux qui ont fait partie de

(1) Médaille de vermeil.

l'Exposition universelle. Le signe = indique les produits présentés au concours de la Société départementale d'Agriculture des Bouches-du-Rhône (2) en 1856 ; et la marque suivante ⚶, est attribuée à l'envoi fait à la Société d'Acclimatation (3) en 1857.

Numéros 1 à 11, études sur la maturité des graines.

Numéros.

1 = ⚶ Epi contenu dans son fourreau.

2 = ⚶ Epi commencant à défourler et fleuri dans sa partie supérieure.

3 = ⚶ Floraison de la partie moyenne et inférieure de l'épi.

4 = ⚶ La partie supérieure de l'épi change de couleur dans la partie inférieure de la cupule.

5 = ⚶ La partie moyenne de l'épi a pris la couleur ci-dessus indiquée.

6 = ⚶ La partie inférieure de l'épi a pris la couleur ci-dessus indiquée, sa partie supérieure prend une teinte plus foncée.

7 = ⚶ La partie moyenne de l'épi a pris la couleur indiquée ci-dessus pour la partie supérieure.

8 = ⚶ Teinte violacée dans la partie supérieure de l'épi.

9 = ⚶ Les graines de la première floraison (partie supérieure de l'épi) sortent de leur cupule.

(2) Médaille d'argent.

(3) Médaille de 1re classe.

Numéros.

10 — ↓ Maturité des graines de la partie supérieure de l'épi.

11 = ↓ Maturité complète de l'épi.

12 = ↓ + 0 Bocal contenant des graines complètement mûres, propres à la semence et à faire de la farine.

13 = ↓ + 0 Graines privées de leurs cupules.

Etudes sur la mouture de la graine non décortiquée.

Numéros.

14 + 0 Premier son.

15 + 0 Deuxième son.

16 + 0 Fleur de farine.

Les produits ci-dessous ont été obtenus en envoyant moudre la graine à un moulin ordinaire (15 décembre 1855) :

Numéros.

17 ↓ = Gros son (mouture de la graine, 1).

18 ↓ = 2e son (mouture de la graine, 2).

19 ↓ = 3e son (mouture de la graine, 3).

Farine numéro 1, blutée de nouveau.

21 ↓ = 1re semoule.

22 ↓ = 2e semoule.

23 ↓ = Farine n° 2.

24 ↓ = Fleur de farine.

Graines décortiquées.

25 + 0 ↓ = 1re semoule.

26 + 0 ↓ = 2e semoule.

28 + 0 ↓ = Farine.

Graines redécortiquées

Et présentées avec du pain fait avec cette farine, au mois de janvier 1856, à la Commission nommée par la Société départementale d'Agriculture des Bouches-du-Rhône, d'après l'invitation de M. le Préfet, sur la demande de Son Excellence le Ministre de l'agriculture, du commerce et des travaux publics.

Numéros.

28 = Graines redécortiquées.

29 = Enveloppes des graines redécortiquées.

30 = Semoule des graines redécortiquées.

31 = Farine des graines redécortiquées.

Premiers essais de panification (1) faits en janvier 1855.

Numéros.

32 + 0 Pain de sorgho (9 janvier).

33 + 0 Pain fait avec la farine de sorgho et la levure de bière (29 janvier).

34 + 0 Pain fait avec deux tiers farine de sorgho, un tiers farine de touzelle, levure de bière (29 janvier).

35 + 0 Pain fait avec partie égale farine de sorgho et farine de touzelle, levure de bière (29 janvier).

36 + 0 Pain fait avec un tiers farine de sorgho, deux tiers touzelle, levure de bière (29 janvier).

37 + 0 Pain de sorgho, levain (29 janvier).

(1) Un échantillon de ce produit a été présenté à la Société d'Horticulture de Marseille, dans sa séance du 10 janvier 1855.

Numéros.

38 + 0 Pain fait avec partie égale farine de sorgho et touzelle, levain (29 janvier).

39 = ♆ Farine de sorgho pure.

40 = ♆ Partie égale farine de sorgho et farine de froment.

41 = ♆ Un quart farine de sorgho et trois quarts farine de froment (1).

Fécules.

42 + 0 = ♆ N° 1. Obtenue de graines en **1854** (elles n'étaient pas mûres).

43 = Obtenue de graines mûres (1855).

44 = Obtenue par le lavage du 1er gros son venu du moulin eau de puits (1855).

45 = ♆ Obtenue par le lavage du 2e son venu du moulin, eau de puits (1855).

46 = ♆ Obtenue par le lavage du 3e son venu du moulin eau de puits (1855).

47 = ♆ Obtenue par le lavage du gros son venu du moulin eau de fontaine (1856).

48 = ♆ Obtenue par malaxation (1856).

49 = Résidu ayant donné la fécule par malaxation (1856).

50 = ♆ Obtenue en laissant reposer le jus extrait de la canne avant de faire le sucre (1855).

51 = ♆ La même fécule lavée.

Etudes sur les sucres.

52 = ♆ Miel de sorgho (1855).

(1) Ces trois dernières qualités de pain ont été pétries par M. Allibert (François), boulanger à Marseille, le 13 août 1856.

Numéros

53 = ↓ Sucre n° 1, contenant sa mélasse, et obtenu directement de la canne par notre procédé (1855).

54 = ↓ Sucre n° 2. (C'est le n° 1 privé de sa mélasse par une forte pression).

55 = ↓ Sucre n° 3, obtenu par les procédés usités (1855).

56 = ↓ Sucre candi (1856).

57 + 0 = Sucre obtenu en 1854, en faisant bouillir la moëlle.

58 + 0 = Mélasse du sucre ci-dessus (1854).

59 Sucre obtenu des cannes de M. Deleuil (Amable), Vitrolles (1856), procédé indiqué par M. le comte de David Beauregard.

60 Sucre obtenu des cannes de M. Mieux (Joseph), cannes mûres en grande partie, par notre procédé (1856).

61 Sucre obtenu des cannes de M. Roman (Joseph), cueillies depuis deux mois et avant leur maturité complète. (Fait bouillir les tronçons des cannes privées de leurs nœuds) (1856).

62 Sucre obtenu des cannes de M. Gueydon, presque toutes mûres, cueillies depuis 15 jours environ, par notre procédé (1856).

63 Sucre obtenu de cannes partie fleuries, partie plus jeunes, pressées avec les nœuds, Vitrolles (1856).

Jus de sorgho.

64 ↓ N° 1, exprimé des cannes au moment où elles vont monter en fleur. Il marquait, le 5 novembre 1856, 5 degrés au pèse-sirop, et n'a pas fermenté.

Numeros

65 ⚓ N° 2, obtenu de cannes en fleurs. Il marquait 5 degrés au pèse-sirop, en 1856, et n'a pas fermenté.

66 ⚓ N° 3, provenant de cannes gelées ; partie d'entre elles était en fleurs, l'autre en graines à peine formées ; les cannes étaient arrachées depuis huit jours ; le jus marquait 9 degrés au pèse-sirop et n'a pas fermenté.

66 A = Jus de cannes mûres ; il est impossible de le conserver parce qu'il fermente.

Produits de la fermentation.

67 = ⚓ Bière. Boisson obtenue au mois d'août 1856, en faisant fermenter, par le procédé Champonnois, des cannes de la récolte de 1854, gâtées en apparence.

68 + 0 = ⚓ Cidre. (1854).

67 ⚓ Cidre obtenu en fesant fermenter les pailles de 1856.

70 + 0 = Vin cuit de sorgho (1854).

71 + 0 = ⚓ Vinaigre naturel (1854).

72 ⚓ Vinaigre filtré (1856).

73 ⚓ Vinaigre ayant précipité la sorghine (1857).

74 ⚓ Eau-de-vie extraite de cannes non parvenues à maturité.

75 ⚓ Eau-de-vie provenant de la première distillation de nos cannes, dont quelques-unes étaient fleuries et d'autres avaient les graines formées ; elles étaient gelées et venues dans un terrain très-sec. Vitrolles (1856).

Numéros.

76 ⚶ Eau-de-vie rectification du nº 75.

77 ⚶ Eau-de-vie provenant de la distillation des résidus, pâte à papier (1856).

78 ⚶ Eau-de-vie, première distillation des pailles (1856).

79 Eau-de-vie, mélange de tous les produits ci-dessus (1856).

80 Produit resté dans la cornue à la rectification des mélanges ci-dessus (1856).

81 Eau-de-vie obtenue du cidre de sorgho de 1855.

82 Produit resté dans la cornue en rectifiant le nº 81.

83 ⚶ = Eau-de-vie obtenue du jus de la canne parfaitement mûre, privée de paille et de nœuds.

84 + 0 = Eau-de-vie de cannes mûres et parfaitement rectifiée (1854).

Résidus de distillation.

Brevetés s. g. d. g.

85 ⚶ Nº 1. Cannes non parvenues à maturité (1856).

86 ⚶ Nº 2.

87 ⚶ Nº 3.

88 ⚶ Nº 4.

89 ⚶ Nº 5.

90 ⚶ Nº 6.

91 ⚶ Nº 7.

92 = Résidu de distillation recristallisé (1855).

93 = Résidu de distillation (11 octobre 1855).

94 = Résidu de distillation, J. P. (1855).

95 = Résidu de distillation (1855).

96 Résidu de distillation, nº 90, recristallisé.

Numéros.

Acide sorghotique.

Breveté s. g. d. g.

97 ⚘ N° 1.

98 ⚘ N° 2.

99 ⚘ N° 3.

100 ⚘ N° 4.

101 ⚘ N° 5.

102 + 0 = N° 6 (1854).

103 + 0 = Acide sorghotique liquide (1854.)

104 Acide sorghotique (1855).

105 Acide sorghotique pur.

106 = ⚘ Produit extrait des résidus de distillation, n° 1.

107 = Produit extrait des résidus de distillation, n° 2 (1855).

108 = ⚘ Cérosie (1856).

109 = ⚘ Graines torréfiées (1856), café de sorgho, n° 1.

110 = ⚘ Café de sorgho (1856), n° 2.

Etudes sur la décoloration des graines.

111 = Graines auxquelles nous avons enlevé une couleur (1855).

112 = Graines auxquelles nous avons enlevé deux couleurs (1855).

Etudes sur le blutage des graines.

113 = ⚘ Blutage de graines.

114 = ⚘ Fleur de graine (glumelle n° 1).

115 = ⚘ Fleur de graine (glumelle n° 2).

116 = ⚘ Gris de sorgho.

Numéros.

117 Blutage obtenu des graines de Toulon, passées au tamis, la cupule enlevée (1855).

118 Blutage obtenu au tamis n° 2, graines de Toulon, cupule enlevée.

119 Blutage obtenu au tamis n° 3, graines de Toulon, cupule enlevée.

120 + 0 = ⚶ Cupules de graines.

121 Graine décortiquée, 1er son (1857).

122 » » 2e son.

123 » » 3e son.

124 Enveloppes de graines venues du moulin, lavées (1856).

Études sur les substances colorantes contenues dans les graines et passant par le tube digestif.

Numéros.

125 ⚶ Chair de cochon, âgé de 6 mois, nourri pendant 15 jours avec les graines non décortiquées et le son venu du moulin (1856).

126 ⚶ Chair de cochon nourri comme d'usage.

127 ⚶ Os de cochon nourri de sorgho (1856).

128 Os de pigeon nourri comme d'usage.

129 ⚶ Os de pigeon pris au nid et nourri pendant quelque temps avec les graines non décortiquées (1856).

130 ⚶ Gésier de canard nourri avec les graines de sorgho non décortiquées (1856).

131 Objets contenus dans le gésier du canard (1856).

132 Souris embaumée par la gomme gutte de sorgho (1856).

Numéros.

133 Déjections de poules et canards, nourris avec la graine non décortiquée.

PRINCIPES COLORANTS ET TEINTURES.

Brevetées s. g. d. g.

Principes colorants extraits des panicules de graines.

Numéros,

134 = ↓ Fleur de graine (glumelle n° 1).

135 Fleur de graine (glumelle n° 2) (1857).

136 = ↓ Fleur de graine (glumelle n° 2), liquide.

137 Glumelle n° 2. Toulon (1857).

138 = ↓ Gris de sorgho, 1.

139 Gris de sorgho, 2.

140 Support de graine, 1.

141 Support de graine, 2.

142 = ↓ Laque de sorgho.

143 Glumelle, 3 (1857).

Sorghotine.

144 + 0 = ↓ Sorghotine N° 1.

145 = ↓ Sorghotine sur filtre.

146 = ↓ Sorghotine A. S.

147 = Sorghotine (8 avril 1856).

148 = ↓ Sulfate de sorghotine au feu A.

149 Sulfate de sorghotine au feu.

150 Sulfate de sorghotine, 1.

151 Eau de lavage de sulfate de sorghotine, au feu, A.

152 Première eau de lavage du premier son, traité par A. S.

Numéros.

153 Amidon et sorghotine (1857).

154 = ⚶ Sorghotine-alun.

155 » A. S. au feu (1857).

156 Sulfate de sorghotine, M. A.

157 = ⚶ Sorghotine chaux.

158 = ⚶ » azotate de bismuth au feu.

159 = » azotate de bismuth.

160 » précipitée à froid par eau saturée d'azotate de bismuth, A.

161 Sorghotine proto-azotate de bismuth et proto-azotate d'étain.

162 = Sorghotine proto-azotate d'étain (précipité).

163 » proto-azotate d'étain (1857).

164 = ⚶ Tartrate de sorghotine.

165 = ⚶ Oxalate de sorghotine.

166 = ⚶ Citrate de sorghotine.

167 Sorghotine sulfate de cuivre (décembre 1856).

168 = » azotate de baryte.

169 = » sulfate de fer.

170 » potasse à la chaux.

171 Eau ayant lavé cupule dans A. S. (1856).

Sorghine.

172 + 0 = ⚶ Sorghine liquide (1854).

173 Sorghine épuisée.

174 » (1857).

175 + 0 = ⚶ Sorghine solide (1854).

176 = ⚶ Sorghine A.

177 = » précipitée par l'eau.

Numéros.

178 = ⚶ Sorghine au feu, A. A.

179 » distillée.

180 » précipitée par vinaigre de sorgho.

181 = ⚶ » Chaux.

182 = ⚶ » Alun liquide.

183 = ⚶ » Alun solide.

184 = ⚶ » Alun cristallisé.

185 = ⚶ » Potasse.

186 = ⚶ » Azotate d'étain liquide.

187 = ⚶ » Azotate d'étain solide.

188 » Résidu azotate d'étain.

189 » Proto-azotate d'étain.

190 » Proto azotate d'étain (1855).

191 » B. azotate d'étain.

192 = ⚶ » Azotate de bismuth liquide.

193 = ⚶ » B. Azotate de bismuth solide.

194 = ⚶ » A. Azot. de bis. sol. par un autre procéd.

195 » Ayant donné résidu B, et azotate de bismuth (1856).

196 = ⚶ Sulfate de sorghine liquide.

197 = ⚶ » cristallisé.

198 = ⚶ Oxalate de sorghine.

199 = ⚶ Tartrate de sorghine.

200 = ⚶ Citrate de sorghine.

201 = ⚶ Sorghine sulfate de cuivre liquide

202 = ⚶ » sulfate de cuivre cristallisé.

203 = ⚶ » sulfate de fer (1856).

204 » sulfate de fer (autre procédé).

205 » sulfate de zinc (1857), au feu.

Num

205 A Sorghine sulfate de zinc liquide.

206 » azotate de baryte (1857), au feu.

206 A » azotate de baryte liquide.

207 » acétate neutre de cuivre (1857), au feu.

207 A » acétate neutre de cuivre liquide.

208 = ⚴ Gomme gutte A.

Principes colorants et teintures extraits des tiges, feuilles et racines.

Numéros,

209 + 0 = ⚴ Carmin de sorgho liquide.

210 + 0 = ⚴ » » solide.

211 Carmin de sorgho (1857), eau de lavage.

212 » » 1 (1857).

213 » » 2 (1857), sur filtre.

214 » » 2 (1857), au feu.

215 » » 3 (1857), n° 1.

216 » » 3 (1857), n° 2.

217 » » 3 (1857), n° 3.

218 Sulfate de sorghotine, A., (1857) liquide.

219 Carmin de sorgho (1857), A. S.

220 » » azotate de bismuth liquide.

221 » » azotate de bismuth solide.

222 » » sulfate de fer liquide.

223 » » sulfate de fer solide.

224 « » azotate d'étain liquide.

225 » » azotate d'étain solide.

226 » » alun, liquide.

227 » » acide tartrique, liquide.

Numéros.

228 Carmin de sorgho chaux, liquide.

229 » » chaux, solide.

230 » » acide oxalique.

231 » » cristaux de soude.

232 » » sulfate de cuivre.

233 » » potasse, liquide.

234 » » potasse, solide.

235 » » 3e produit A.

236 Gomme gutte de sorgho, pailles vieilles (1857).

237 » » pailles vieilles n° 2.

238 » » pailles vieilles n° 3.

239 » » Vitrolles (1857).

240 » » » n° 2.

241 » » » n° 3.

242 + 0 = ↓ Gomme gutte (feuille).

243 Gomme gutte (feuille), chaux sur filtre.

244 » » chaux au feu.

245 » » azotate de bismuth s. filtre

246 » » azotate de bismuth au feu.

247 » » azotate d'étain sur filtre.

248 » » azotate d'étain au feu.

249 » » potasse.

250 » » potasse brûlée.

251 » » alun.

252 » » acide oxalique sur filtre.

253 » » acide oxalique au feu.

254 » » sulfate de zinc sur filtre.

255 » » sulfate de zinc au feu.

256 » » sulfate de fer.

Numéros.		
257	Gomme-gutte (feuilles)	acide tartrique.
258		sulfate de cuivre.
259		acide citrique.
260		cristaux de soude.
261 + 0 = ψ	Vert de sorgho.	
262 ψ	Vert de sorgho (1856).	
263 + 0 = ψ	Vert de sorgho solide. (1854).	
264	Vert de sorgho (1857).	
265		azotate d'étain liquide.
266	»	azotate d'étain sur filtre.
267	»	azotate d'étain au feu.
268	»	azotate de bismuth liquide
269	»	azotate de bism. sur filtr.
270	»	azotate de bism. au feu.
271		sulfate de fer liquide.
272		sulfate de fer au feu.
273	»	potasse liquide.
274	»	potasse sur filtre.
275	»	potasse au feu.
276	»	chaux liquide.
277	»	chaux sur filtre.
278	»	chaux au feu.
279	»	alun liquide.
280	»	alun sur filtre.
281	»	alun au feu.
282	»	acide oxalique liquide.
283	»	acide oxalique au feu.
284	»	sulfate de zinc liquide.
285	»	sulfate de zinc sur filtre.

Numéros.			
286	Vert de sorgho (1857),		sulfate de zinc au feu.
287	»	»	cristaux de soude liquide.
288	»	»	crist. de soude sur filtre.
289	»	»	crist. de soude au feu.
290	»	»	sulf. de cuivre liquide.
291	»	»	sulf. de cuivre au feu.
292	»	»	acide tartrique liquide.
293	»	»	acide tartrique au feu.
294		»	distillé.
295	»	»	desséché.
296	Vert de sorgho, nº 2.		
297	»	»	azotate d'étain liquide.
298	»	»	azotate d'étain sur filtre.
299	»	»	azotate d'étain au feu.
300	»	»	azotate de bismuth liquide.
301	»	»	azotate de bism. sur filtre.
302	»	»	azotate de bismuth au feu.
303	»	»	sulfate de fer liquide.
304	»	»	sulfate de fer sur filtre.
305	»	»	sulfate de fer au feu.
306	»	»	potasse liquide.
307	»	»	potasse sur filtre.
308	»	»	potasse au feu.
309	»	»	chaux liquide.
310	»	»	chaux sur filtre.
311	»	»	chaux au feu.
312	»	»	alun liquide.
313	»	»	alun sur filtre.
314	»	»	alun au feu.

Numéros.

315. Vert de sorgho, n. 2, acide oxalique liquide.

316 » » acide oxalique sur filtre.

317 » » acide oxalique au feu.

318 » » sulfate de zinc liquide.

319 » » sulfate de zinc sur filtre.

320 » » sulfate de zinc au feu.

321 » » cristaux de soude liquide.

322 » » cristaux de soude sur filtre.

323 » » cristaux de soude au feu.

324 » » sulfate de cuivre liquide.

325 » » sulfate de cuivre sur filtre.

326 » » sulfate de cuivre au feu.

327 » » acide tartrique liquide.

328 » » acide tartrique au feu.

329 » » acétate neutre de cuivre liq.

330 » » acét. neut. de cuiv. sur filtre.

331 » » acét. neut. de cuiv. au feu.

332 Retiré de la distillation du vert de sorgho, n° 2.

333 Résidu trouvé dans la cornue après avoir distillé le produit 332.

334 Résidu sur filtre.

335 Resté sur vert.

336 ↓ Vert ou essence de sorgho.

337 Produit retiré des feuilles ayant donné le vert de sorgho.

338 Sur filtre. Gomme gutte de feuille, 1.

339 = ↓ 2e produit des feuilles (1855).

340 = ↓ Vert de sorgho, n° 3.

341 = ↓ 4e produit des feuilles.

Numéros.

342 = ⤈ Vert de sorgho, n° 4.

343 + 0 = ⤈ Sépia de sorgho.

344 = ⤈ Terre d'ombre de sorgho.

345 = ⤈ Terre de Sienne de sorgho.

346 ⤈ Fusain de sorgho.

347 = ⤈ Cendre de sorgho.

348 = ⤈ Encre de Chine, 1.

349 = ⤈ Encre de Chine, 2.

350 Résidu de cupules épuisées et brûlées.

351 Encre de Chine (cupules).

352 Solution du produit sublimé qu'on obtient en faisant brûler les cupules épuisées.

353 Cupules épuisées traitées par A. N.

Produits obtenus de l'acide sorghotique.

354 ⤈ Sorghotate de sorghotine.

355 Sorghotate de sorghine liquide.

356 + 0 = ⤈ Sorghotate de potasse.

357 + 0 = Sorghotate de cuivre.

358 Sorghotate de sorghine solide.

Principes colorants extraits des déjections.

359 ⤈ Déjection n° 1.

360 Déjections brûlées.

351 + 0 = Liquide donnant la teinte 21.

362 + 0 = Liquide donnant la teinte 22.

363 Sorghine hyposulfite de soude liquide.

364 Jaune d'or.

Collection de toutes les pâtes à papier, faites avec le sorgho. (Brevetées s. g. d. g.)

Collection de tissus divers faits avec la paille de sorgho. (Brevetés s. g. d. g.)

Echantillons de soies teintes en cocon par nos principes colorants et filées ensuite par M. Franquelbame, filateur à Avignon.

Album contenant 120 échantillons divers, chaque couleur sur soie, laine et coton. Ces divers tissus ont été trempés et retirés en même temps. Aucune teinture n'est admise dans notre album sans avoir été lavée et repassée,

Dessins faits à la sépia de sorgho et à l'acide sorghotique.

Dessins à l'encre de Chine de sorgho.

FIN

TABLE.

—

FIN DE LA TABLE.

MONOGRAPHIE

DE LA CANNE A SUCRE DE LA CHINE

DITE

SORGHO A SUCRE.

Marseille, Typ. et Lith. ARNAUD et COMPAGNIE, Cannebière, 10.

www.ingramcontent.com/pod-product-compliance
Ingram Content Group UK Ltd.
Pitfield, Milton Keynes, MK11 3LW, UK
UKHW012019240726
13965UKWH00002B/459

9 782013 417372